Se lu cuorpe sta bè, l'anema canta.

Geht's dem Körper gut, singt die Seele.

Sprichwort aus Ascoli Piceno

Civitanova Marche, Mercato del Pesce

Daniela und Felix Partenzi

BRODETTO FÜR ALLE

Gerichte und Geschichten
aus der Region Marken

GERSTENBERG

INHALT

Grottammare und S. Benedetto del Tronto

Ancona, Dom S. Ciriaco und Altstadt

EINE REGION IN PORCHETTA

NOCH ein Buch? Gerne! Unser Erstling über Umbrien hat großen Spaß gemacht. Allerdings war die Region, aus der meine Familie stammt, ein Heimspiel. Das ist diesmal anders. Die Marken sollen wir uns vornehmen. *Le Marche* – wir kennen die Region bisher nur als Schnellweg zum Meer. Seit dem Ausbau der Staatsstraße 77 eine schnurgerade Verbindung zu richtig guten *spaghetti vongole*. Aber sonst? Kocht man in diesem hügeligen Landstrich groß anders als in der westlichen Nachbarregion, die wir zuletzt beschrieben haben? Oh ja! Was für einen Schatz wir da heben dürfen, wird erst allmählich klar und ist ein derartiges Vergnügen, dass wir das Land zwischen Pesaro und San Benedetto del Tronto akribisch erkunden.

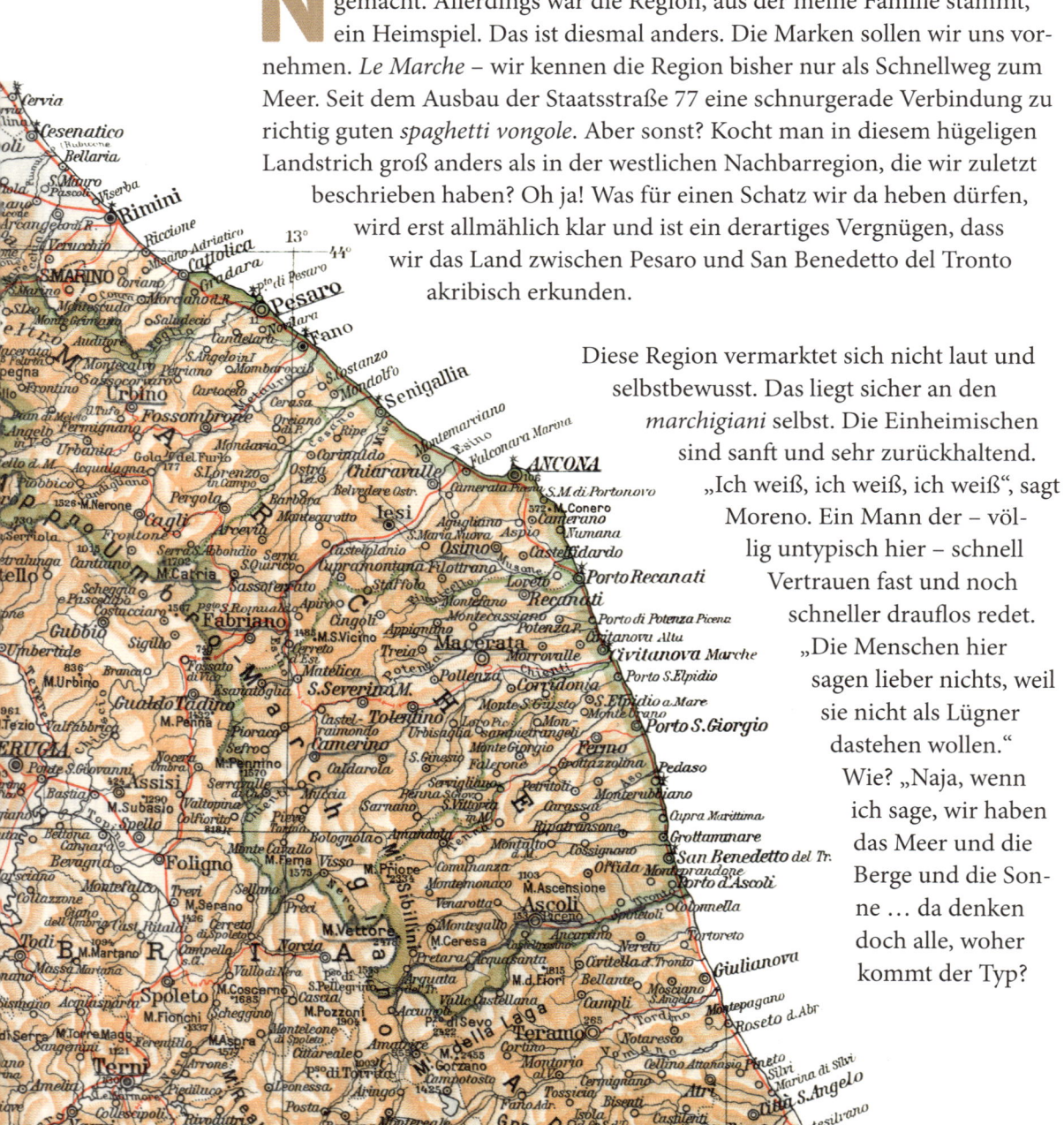

Diese Region vermarktet sich nicht laut und selbstbewusst. Das liegt sicher an den *marchigiani* selbst. Die Einheimischen sind sanft und sehr zurückhaltend. „Ich weiß, ich weiß, ich weiß", sagt Moreno. Ein Mann der – völlig untypisch hier – schnell Vertrauen fast und noch schneller drauflos redet. „Die Menschen hier sagen lieber nichts, weil sie nicht als Lügner dastehen wollen." Wie? „Naja, wenn ich sage, wir haben das Meer und die Berge und die Sonne … da denken doch alle, woher kommt der Typ?

Aus dem Paradies?" Die ehrliche Antwort wäre „*Sì!*" Aber weil
das keiner glauben will, sagen sie eben lieber nichts. Dabei sind
sie dem Himmel hier wirklich sehr nah. Es gibt Orte, da steht man
auf einem Hügel, schaut auf der einen Seite übers Meer und auf
der anderen bis zu den schneebedeckten *Monti Sibillini*. Das ist so
schön, dass einem heiß und kalt wird vor Glück.

Die Marken bilden die Wade des italienschen Stiefels. Sie grenzen im Landes-
inneneren an Umbrien, an einen Zipfel Toskana und im Süden knapp an
Latium, liegen aber vor allem längs der Adria zwischen Emiglia-Romagna
und den Abruzzen, also zwischen Nord- und Süditalien. So geteilt wie das
ganze Land ist tatsächlich auch diese Region – und ihre Küche. Den Sah-
ne-Äquator haben wir bei Ancona ausgemacht. Der Norden setzt auf Butter
und Schmalz, der Süden schwört orthodox auf Olivenöl. Obwohl die Marken
180 Küstenkilometer zählen, sind die *marchigiani* leidenschaftliche Fleisch-
fresser. Wie fast alles mögen sie auch das eher zart. Die Salami gibt es als
Streichwurst und noch nie zuvor ist mir in Italien der Tipp gegeben worden,
die Nudeln lieber eine Minute länger zu kochen als auf der Packung angege-
ben. „Sonst sind sie zu hart, *signora!*" *Al dente* ist für den *marchigiano* nicht
unbedingt ein Muss. Dieser Menschenschlag von beinahe schwäbischer
Geschäftigkeit entspannt bei Tisch, da sollen es auch die Zähne nicht zu
schwer haben. Sie lieben püriertes Gemüse mit einem Schuss Sahne und
bereits zerbröseltes Brot. Die Semmelkrümel mit Petersilie, Knoblauch und
Olivenöl thronen auf fast allem in ihrer Küche und lassen die Internisten
verzweifeln. „Ständig diese *gratinate*, das kann kein Magen verkraften", hat
der norditalienische Arzt unserer Freundin Giulia diagnostiziert. Sie war
kurz abstinent und hat dann festgestellt: „Ohne kommt aber die ganze übrige
Giulia nicht klar." Können wir verstehen.

Überzeugt hat uns auch die Vorliebe für die Zubereitung „*in porchetta*". Was
wir bisher nur als Spanferkel kannten, meint die Zubereitung mit würzigem
Fenchel. Dessen Blüten leuchten tatsächlich gelb in so gut wie jedem Garten,

stets bereit, Gemüse, Fleisch oder Fisch im Ofen beizustehen. Die kultivierte Fenchelknolle gart die Hausfrau hier gerne in Butter und Brühe mit ein paar kleinen Tomaten. Auch das eine wunderbare Entdeckung und ganz leicht gemacht.

Die Marken haben uns voll und ganz von sich überzeugt. Doch, wir sind richtig verliebt in dieses Stück Italien und rauschen nie wieder einfach nur so durch in Richtung Meer. Schon gar nicht, ohne hier etwas zu essen.

Buon appetito!

Die *italienischen Originalbezeichnungen* folgen der italienischen Rechtschreibung.

Montefalcone Appennino und Monte Vettore

BRODETTO FÜR ALLE

DER *presidente* macht den Portier. Flavio thront hinter dem kanzelförmigen Rezeptionstresen seines Hotels in Fano und verteilt die Zimmerschlüssel, die seit Jahrzehnten nummeriert an tropfenförmigen Blechanhängern baumeln. „*Buona sera*", grüßt er monoton und mustert die Strandrückkehrer dabei intensiv. Wer da mit wem aufs Zimmer geht, ist ihm gleichgültig. Sein Röntgenblick gilt allein der Magengegend. Wie viel Hunger haben die und was werden sie bestellen? Nur das interessiert den Chef am Empfang.

Mit Essen lockt man den mürrischen *marchigiano* aus der Reserve. Sein beachtlicher Bauchumfang verrät das, und die Tatsache, dass der Herr nun mal der Vorsitzende der *Accademia del Brodetto* ist. *Brodetto* ist nicht irgendeine Brühe, sondern *die* Fischsuppe überhaupt, das adriatische Heiligtum der Marken. Nicht, dass es die eine wahre Variante gäbe, nein: es gibt die aus Fano, die aus Ancona, die aus Porto Recanati, die aus San Benedetto. Noch dazu darf die Zusammensetzung je nach Verfügbarkeit der Meeresbeute variieren.

Eine lange Geschichte. Flavio hat sie intensiv erforscht, studiert, mit seiner Brodetto-Akademie. Dazu zählen eine Handvoll schwergewichtiger Freunde, die sich der Esskultur verschrieben haben. Ob die Herrschaften bei ihren Sitzungen essen? „Immer!" Was für eine Frage. „Man muss sich gemeinsam das Kinn bekleckern, anders lässt sich nicht ernsthaft arbeiten."

Dem Süppchen aus der Adria sind die Männer mächtig auf den Grund gegangen. Sie sind ausgeschwärmt in Bibliotheken, Museen und auf Flohmärkte, um Rezepte zu sammeln. Außerdem haben sie versucht, sich Postkarten von Matrosen zu angeln. Postkarten? „*Ma certo!* Natürlich, auf See erlebste oft gar nichts. Was machen die Jungs da?" Flavio hebt die Brauen und die Hände: „Ehhh, sie schreiben nach Hause, was sie gegessen und wie sie gekocht haben." Italienische Logik, wertvolle Fundgrube für den Fischakademiker und seine Suppenstudiosi.

Jetzt wissen die Foodforscher: der *brodetto* ist ein Bordgebräu. Die Zubereitung dauert genau so lange, wie zwischen zwei Fängen Zeit ist, und hinein kommt, was der Seemann braucht oder besser, was er gerade zur Hand hat. „Je besser der Fang, desto schlechter die Suppe", doziert der *presidente*. Die guten Fische kamen in die Kisten, die kaputten, die wertlosen in den Topf. Dazu mal Wein, mal Essig – „*perchè?*", fragt er seine Zuhörer wie Studenten ab und fährt auf den Tresen klopfend fort: „Weil der Wein nur frisch Wein war. War er gekippt, kam er als Essig ins Essen." So einfach ist das. Überhaupt ist das mit den regionalen Feinheiten keine große Wissenschaft. Der *brodetto fanese* ist simpler, weil die Fischer aus Fano maximal drei Tage auf dem Meer unterwegs waren. Wer in San Benedetto in See stach, hat oft monatelang kein Land gesehen. Eingelegte Paprika oder konservierte Tomaten in ihren Rezepten – für Flavio die reinste Medizin. „Ist nur gegen Skorbut gut!" Keine kulinarische Finesse, damit das klar ist. Das gilt auch für den wilden Safran, den die Köche aus Porto Recanati bis heute reinrühren. „Haben die damals nur gemacht, weil es dort keinen Handelshafen gab, an dem sie ordentliche Gewürze hätten kriegen können."

So gesehen hat der *signore* richtig Glück, dass er aus Fano ist. In seinem Laden kommt es im *brodetto* auf den Fisch an. Um die besten Exemplare zu ergattern, fährt Flavio in aller Frühe zur Auktion. Sein Favorit aus dem Meer? „Alle!", sagt er emotionslos und setzt nach: „Wenn sie frisch sind!" Kurzer Lacher, sofort wieder Professorengesicht: „Schon nach sechs Stunden baut der tote Fisch ab."

Der Mann kann reden ohne Ende. Kann er auch kochen? Sein Sohn eilt gerade vorbei. Er hält an, dreht sich um: „In der Theorie ja, in der Praxis überlassen wir das besser der Mamma." Flavio schuldet seiner Frau Elide eine respektvolle Geste, gibt sich geschlagen. „*Bene*, hier macht jeder was er kann." Für den Sohn bedeutet das: an diesem Tag viele Tische decken und alle Kellner an den Start bringen. „Sag deiner Mutter, sie soll die *padella grande* nehmen." Den ganz großen Topf ordert der Chef. Er hat's genau gesehen, die Leute haben Hunger. *Allora:* „*Brodetto,* für alle!"

Fano, Hafen

BRODETTO
Fischers Fischsuppe
8–12 PORTIONEN

¼ l Olivenöl

1 kleine Zwiebel

1 Knoblauchzehe

200 g Tomatenmark

400 ml Wasser

6 EL Weißweinessig

2 kg frischer, ausgenommener Meeresfisch und Meeres-
    früchte (so sortenreich, wie es der Markt hergibt: z.B.
    Katzenhai, Rochen, Seeteufel, Petersfisch, Tintenfisch,
    Meeräsche, Rotbarsch, Heuschreckenkrebs, Knurrhahn,
    Garnelen)

Pfeffer, Salz

Elide kocht die Suppe in einer großen flachen
Lasagneform. Zuerst erhitzt sie das Olivenöl mit der
feingewürfelten Zwiebel und dem kleingehackten
Knoblauch. Das Tomatenmark löst sie mit Wasser
und Essig und gießt es in die Form. Dann ist ihr Nä-
schen gefragt: erst, wenn der Essiggeruch verflogen
ist, kommt der Fisch zu Potte. Zuerst der Tintenfisch.
Die Kleinen wandern im Ganzen in die Suppe, sonst
schneidet sie grobe Streifen. Nach und nach folgt
der übrige Fang. Immer dem Grundsatz folgend: die
Dicken zuerst. Jetzt wird gesalzen und gepfeffert,
dabei ist es ihr wichtig, bei den Umdrehungen aus
der Mühle nicht zu geizen. Dann lässt sie die Suppe
für ca. 30 Minuten köcheln. Hat Elide Krustentiere
parat, hält sie sie bis 5 Minuten vor Schluss zurück.
Sie serviert den Brodetto dampfend heiß.

DIE KÖNIGIN VON ASCOLI

DIE Zarte ist ein dickes Ding. Der ganze Stolz der Picener ohnehin. Niemand sonst in Italien erntet solch fleischige Oliven wie die Bauern rund um die südlichste Provinzhauptstadt der Marken, Ascoli Piceno. Die *oliva tenera* ist groß, grün, leicht oval und besitzt unter der sanften Schale knackiges Fruchtfleisch. Sie wird entweder „*in salamoia*" (mit Soda) oder „*in salamoia naturale*" (unter Meersalz) um ihre Bitterkeit gebracht. Dann entfaltet sie ihr ganzes Können. Diese Königin unter den Oliven hat mit ihrem delikaten Geschmack nicht nur Feinschmecker Rossini verführt, auch Puccini soll ihre Vorzüge besungen haben, Garibaldi ist ihr erlegen und Papst Sixtus V. hätte sich für sie glatt versündigt. Es ist aber auch schnell passiert, dass mehr als eine *tenera* zu viel vernascht wird, vor allem, wenn sie gefüllt und frittiert als *oliva ascolana* auf den Tisch oder in die Tüte kommen.

Durch die Gassen von Ascoli Piceno schlendern Besucher gerne mit *cartoccio*. In der Spitztüte aus dunkelgelbem Maispapier feiert die Spezialität ihre Snackqualität. An fast jeder Ecke bekommt man sie angeboten.
Zum ersten Mal soll sie so verpackt beim Mittelalterfestival 1985 gereicht worden sein. Eine Idee vom ersten Olivenverkäufer am Platz, der ursprünglich mit gebratenen Hähnchen handelte. War Nazzareno alias „*Zé lu pullare*" vom Tageswerk total geschafft, entspannte er bei *mamma*, die ihn mit ihren gefüllten Oliven wieder aufpäppelte. Was ihm gut tut, könnte auch gut fürs Geschäft sein, dachte sich der Mann irgendwann. Recht gehabt! Die prallen Oliven nähren mittlerweile ein amtliches Familienunternehmen. Sohn und Vater experimentieren mit der frittierten Feinkost und rollen sie sogar in Trüffel. Man kann auch übertreiben. Am beliebtesten sind nach wie vor die nach Mutters Originalrezept.

OLIVE ASCOLANE
Frittierte Oliven
6 PORTIONEN (CA. 48 STÜCK)

500 g große grüne Oliven
½ Selleriestange
1 kleine Karotte
1 Zwiebel
1–2 Gewürznelken
150 g Schweinefleisch
150 g mageres Rindfleisch
150 g Hühnerfleisch
Olivenöl
200 ml Weißwein
Salz
3 Eier
100 g geriebener Parmesan
Muskatnuss
150 g Mehl
350 g Paniermehl
Olivenöl oder Erdnussöl
   zum Frittieren

Es braucht Geschick und Geduld für dieses traditionelle Gericht. Wer es sich ein bißchen leichter machen möchte, kauft entsteinte Oliven. Alle anderen können sich am Picener Kunstgriff versuchen und das Fruchtfleisch in einem Stück mit einem Spiralschnitt vom Kern trennen. Das dauert ein Weilchen. Deshalb ruhig vorher schon mal die Füllung vorbereiten. Das Gemüse putzen und grob zerteilen, die Zwiebel schälen, halbieren und mit der Nelke spicken. Das Fleisch in Stückchen schneiden und alles in etwas Olivenöl anbraten. Nach 10 Minuten mit Weißwein ablöschen, salzen und weitere 20 Minuten bei kleiner Flamme schmoren lassen, bis der Wein vollkommen verkocht und das Brät trocken ist. Etwas abkühlen lassen und ab in den Fleischwolf mit der ganzen Chose. Anschließend die Paste mit einem Ei, dem Parmesan, etwas Muskatnuss und Salz in einer Schüssel ordentlich verrühren. Jetzt geht es zur Sache. Stück für Stück werden die aufgeschlitzen Oliven mit der Masse gefüllt, bis sie etwas größer und rundlicher sind als ursprünglich.

Die restlichen Eier verquirlen, eine Schale mit Mehl und eine mit Paniermehl vorbereiten und die dicken Dinger erst durchs Mehl, dann durchs Ei und schließlich durchs Paniermehl kullern, dass sie gut ummantelt sind.

Das Öl kräftig erhitzen und die Oliven frittieren, bis sie goldbraun leuchten. Olive Ascolane sollen auch kalt schmecken, mit Zitronenschnitzen garniert, allerdings kommt es dazu eigentlich nie, weil sie in der Regel weggehen wie warme Semmeln.

Ascoli Piceno, Piazza del Popolo

Provinz Fermo

DAS WEISSE SCHAF

WEIN, Weib und … Gesang? Nennen wir es Kommando! Das Weingut Cocci Griffoni ist fest in Frauenhand. Paola ist Winzerin, Marilena macht die Buchhaltung und Diana, die Mutter der Schwestern, hat ein Auge auf alles. Wo die Signora sich gerade aufhält klärt Paola mit einem Blick in den herausgeputzten Innenhof, dabei visiert sie konkret die Parkplätze im frischen Kiesbett an. „Mamma hat zwei Fiat-Panda. Mit dem blauen fährt sie in die Stadt, mit dem grünen ins Feld." Paola grinst: „Mamma-GPS!" Der grüne fehlt. Diana kurvt gerade durch den *Vigneto Madre*. Auf dem Mutterweinberg sonnt sich der *Pecorino*, der ganze Stolz des Weingutes in Messieri di Ripatransone. Denn um diese Rebe rankt sich eine Legende.

Papa Guido hatte es sich in den Kopf gesetzt, die alte Sorte aufblühen zu lassen. Schon Plinius soll sie in der Antike besungen haben. Eine Ewigkeit lang also lieferte diese weiße Traube den Marchigiani den Tischwein, bevor der *Rosso Piceno* groß in Mode kam. In den 70ern konnte man sich zwar noch an den *Pecorino* erinnern, aber angebaut wurde er längst nicht mehr. Der Weiße mit dem Potenzial eines Roten drohte in Vergessenheit zu geraten. Guido Cocci Griffoni war entschlossen das zu verhindern. Er ging auf die Suche und wurde 1983 tatsächlich fündig. Der Mann entdeckte einige Rebstöcke an der Grenze zu den Abbruzzen und holte sie zurück in die Picener Berge.

Als der Winzer starb, hatte seine Tochter alles Nötige von ihm gelernt. „Ich hatte einen stummen Lehrmeister." Die stille Art hat die quirlige Italienerin nicht von ihm geerbt, das Händchen für Wein schon. Die jüngere der beiden Schwestern war ein Papakind, immer in seiner Nähe. „Ich habe meine ganze Kindheit in der Kellerei verbracht." Sie erzählt das fröhlich, tänzelt dabei durch die kühlen Räume und tätschelt im Vorbeigehen den hochpolierten Stahl, als wären die Tanks ihre besten Kumpel. Hier zwischen Fässern und Flaschen reifte der Entschluss, Winzerin werden zu wollen. Paola schrieb sich an der Agrarhochschule ein, Fachrichtung Önologie. In den 90ern absolut ungewöhnlich für Mädchen: „Wir waren wenige *pecore!*" Schafe nannten die übrigen Studenten, die drei, vier Verirrten, die es auch mit Mathe, Chemie und Werken versuchen wollten. Paola schüttelt den Kopf: „*Madonna*, das waren Zeiten …" Mit Papas Rückendeckung und dem Winzernmesser am Gürtel zog sie in den Kampf und hatte überhaupt nicht vor hinterherzutraben.

Ihr Schafspfad führte direkt zum Erfolg. Tatsächlich gedeiht der *Pecorino* genau dort, wo die Hauptroute der Hirten über die Berge führt. *Pecorino, Pecorino* … dieser Name? Paola liest einem die Frage von der Stirn ab, bevor die Worte formuliert sind. „*No,* mit dem Käse hat der Wein nichts zu tun!" Sie lacht, schwenkt den guten Tropfen im Glas, betrachtet ihn dabei liebevoll: „Außer vielleicht, dass der Käse so gut ist, weil die Schafe an den Reben knabbern! Ist ja auch 'ne tolle Traube."
Die junge Winzerin ließ das Weingut aufblühen, das jetzt in vierter Generation geführt wird. Niemand, nicht mal der Vater, hätte gedacht, dass die *cantina* mit dem *Pecorino* so erfolgreich werden könnte. International erfolgreich. Viele Gäste reisen von weit her an, auf den Hügel der Cocci Griffonis. Wenn die Sonne mal nicht scheint, leuchtet der Anstrich trotzdem kräftig gelb-orange. Den neuen gläsernen Anbau hat Paola mit der Küchenvitrine der Oma ausgestattet. Vintage-Style und tolle Aussicht wird den Gästen zum *vino* geboten. Natürlich gibt's auch etwas zu essen. Was passt am Besten zum *Pecorino*? „Küche … oh, *un attimo!*" Einen Augenblick, nicht Paolas Baustelle. Kochfragen beantwortet Rita. Die Köchin schaut aus dem Fenster, über die Weinberge an den Calanchi-Canyons bis zum Meer. „Ein fetter Fisch!" Wie jetzt – kein Lammbraten? Hätten wir drauf gewettet. „No! Eine Dorade im Kartoffelbett." Da ist Rita ganz sicher. Paola stimmt ihr zu. Schaf kommt hier nicht in die Küche – nur ins Glas.

ARROSTICINI DI AGNELLO
Lammspießchen

12 STÜCK

Die Spieße haben eine Karriere vom Schäfermahl zum Street-food-Star hingelegt. Entstanden ist der Snack aus den Resten, die Hirten von den Knochen schabten, um bloß nichts verkommen zu lassen. Ein paar Tropfen Öl, ein Zweig Rosmarin vom Wegesrand und der Hunger war am Feuer schnell gestillt. Kamen früher eher Hammel und Schaf aufs Stöckchen, darf es für die Feinschmecker heute auch mal Lamm sein, mit einem Spritzer Zitronensaft gepimpt.

800 g Lammfleisch
5 Zweige frischer Rosmarin
Salz
1 EL Olivenöl
Zitronensaft

Das Fleisch wird in etwa 1 x 2 cm große Würfel geschnitten und auf Holzspieße gezogen. Dabei sollte sich immer ein fetthaltigeres mit einem mageren Stück abwechseln. Zum Zauber gehört, die Spieße auf die Rosmarinzweige zu betten und zu salzen. So ziehen sie Duft, während der Grill hochgefahren wird. Ist er heiß, und die Flammen schlagen nicht mehr hoch, geht's ans Spießedrehen. 1 Minute pro Seite sollen sie rösten. Achtung, bloß nicht zu lange übers Feuer halten, sonst werden die Dinger zäh. Mit Öl beträufeln, mit Zitronensaft würzen und ganz schnell abnagen.

ORATA ARROSTO
Dorade im Kartoffelbett

FÜR 4–6 PERSONEN

1 TL grobes Meersalz
Pfeffer
1 Msp. Oregano
600 g festkochende Kartoffeln
Olivenöl
6 Rosmarinzweige
2 Doraden (ca. 1,5 kg)

Wenn Rita das Salz, Pfeffer und Oregano miteinander in einem Mörser verreibt, sind die Doraden schon fertig ausgenommen, geschuppt und gewaschen.

In einem Teil der Gewürzmischung schwenkt sie die Kartoffelviertel (oder -achtel, je nach Größe der Kartoffeln), gießt dann noch einen guten Strahl Olivenöl darüber, schwenkt erneut und macht den Doraden ihr Bett in einer ofenfesten Form, geschmückt mit einigen Rosmarinnadeln. Und weil sie die Doraden verwöhnen will, wärmt sie das Bett vor. Im 200 °C heißen Ofen garen die Kartoffeln 30 Minuten vorweg und beginnen leicht braun zu werden.

Mit dem Rest der Gewürzmischung werden die Fische von innen und außen gepudert. In den Bauch bekommen sie jeder einen Rosmarinzweig. So herausgeputzt können sie es sich auf den heißen Kartoffeln gemütlich machen. Den Fischen reichen ca. 30 Minuten bei 150 °C zum Durchgaren. Dann sind sie noch saftig und können in Begleitung eines Glases Pecorino auf der Tafel glänzen.

Porto S. Giorgio, Marina

INSALATA DI MARE
Meeresfrüchtesalat
4 PORTIONEN

Saft von 1 Zitrone

Olivenöl

Salz

Pfeffer

1 EL gehackte Petersilie

200 g kleine Tintenfische
    (Polpetti, Seppioline, Calamari …)

8 Garnelen

½ Karotte

½ Stange Sellerie

2 Datteltomaten

Weißbrot

Zitronensaft, Öl, Salz, Pfeffer und die Petersilie werden in einer kleinen Schüssel zur Marinade verquirlt. Die Meeresfrüchte putzen und in feine Scheiben bzw. Streifen schneiden. Die Tintenfische eine gute Viertelstunde in Wasser kochen. Die Garnelen in einem weiteren Topf nur kurz sieden. Abkühlen lassen und das Fleisch auslösen. Karotte, Sellerie und Tomaten ganz fein würfeln. Den kalten Fisch mit dem Gemüseklein und der Marinade vereinen. Der Salat sollte mindestens eine halbe Stunde im Kühlschrank ziehen, bevor er auf gerösteten, mit Öl beträufelten Weißbrotscheiben angerichtet wird.

TOTANI RIPIENI
Gefüllte Tintenfische

Die Tintenfische müssen gut geputzt sein. Ausgenommen und gewaschen werden sie von Kopf und Tentakeln befreit, denn die Tentakel brutzeln als erstes in der Pfanne. Kleingehackt, mit Olivenöl, dem fein gewürfelten Weißbrot und den zerkleinerten Sardellenfilets werden sie etwa 3 Minuten lang sanft angebräunt und dann mit etwas Wein gelöscht. Die Mischung wandert in eine Schüssel. Dort kommen der Parmesan, ein Teil der gehackten Petersilie, die gehackten Kapern, das Nelkenpulver, Salz und Pfeffer hinzu. Gut vermischen, dann mit etwas Öl, Marsala und dem verquirlten Ei zu einer Paste verarbeiten. Mit der gilt es die Bäuche der Calamari zu stopfen. Dabei etwas Rand stehen lassen und mit einem Zahnstocher verschließen. Die Prachtstücke braten mit einer Knoblauchzehe kurz in Olivenöl und ziehen dann unter Zugabe des übrigen Weißweins noch einmal ein paar Minuten.
Die restliche Petersilie dient als Schmuck.

500 g Totani (Calamari)
Olivenöl
100 g Weißbrot ohne Kruste
6 Sardellenfilets
200 ml Weißwein
30 g Parmesan, gerieben
1 Bund Petersilie, gehackt
1 EL Kapern
½ TL Nelken, gemahlen
Salz
Pfeffer
30 ml Marsala
1 Ei
1 Knoblauchzehe

TONNO BRIACO ALLA MARCHIGIANA

Besoffener Thunfisch

FÜR 4 PERSONEN

Ganz traditionell kocht man den Thunfisch zunächst ein paar Minuten in Essigwasser und schreckt ihn dann mit kaltem Wasser ab. Moderne Köche lassen den Schritt aus.

Die Petersilie brauchen wir als festen Bund. Zusammen mit dem Lorbeerblatt, der grob geschnittenen Zwiebel sowie etwas Salz und Pfeffer begleiten sie den Thun in die Pfanne (den Bräter) mit dem heißen Schmalz. Von beiden Seiten moderat angeschmort bekommt der Fisch jetzt seinen Marsala und Fischbrühe. Darin tummelt er sich zugedeckt bei gemütlicher Hitze. Der fürsorgliche Koch entscheidet nach Gusto über Gar- und Ziehzeit. Früher ließ man ihn bis zu 40 Minuten baden.

In einer zweiten Pfanne wird das Brot in Olivenöl von beiden Seiten angeröstet. Brotscheiben und Thunfischsteaks sollten von Form und Größe zusammen passen. Fertig gegart schläft der Fisch seinen Rausch auf einem Brotbett aus. Warm halten!
Der Sud passiert ein Sieb und landet in einer Kasserole. Sobald er schäumend kocht, wird er durch die Butter, die zerstückelten Sardellen und die Kapern ergänzt, mit Zitronensaft, Salz und Pfeffer justiert. Schließlich bekommt der schlafende Fisch die Sauce übergossen und wird serviert.

4 frische Thunfischsteaks à 200 g
1 Bund glatte Petersilie
1 Lorbeerblatt
1 Zwiebel
Salz
Pfeffer
50 g Schmalz (oder Butter)
100 ml trockener Marsala
    oder Barrique-Weißwein
200 ml Fischbrühe
4 Scheiben rustikales Weißbrot
Olivenöl
80 g Butter
6 Sardellenfilets
1 EL Kapern
Zitronensaft

ACCIUGHE GRATINATE AL LIMONE
Gratinierte Sardellen

4–6 PORTIONEN

500 g frische Sardellen
Olivenöl
1 unbehandelte Zitrone
1 Knoblauchzehe
1 kl. Bund Petersilie
1½ EL Paniermehl
Salz

Die Sardellen verlieren ihren Kopf. Und sie haben auch kein Rückgrat und keine inneren Werte mehr, wenn sie gewaschen als Doppelfilets in einer flachen, großzügig geölten Form ausgelegt werden.
Von der Zitrone brauchen wir die Schale in kleinen Spänen und den Saft. Beides mischen wir mit der Petersilie und dem Knoblauch, beide fein-gehackt, und bedecken damit die Sardellen. Als Kruste dient das Panier-mehl mit etwas Salz und ein paar Spritzern Öl. So zugerichtet können die Sardellen bis zu 2 Stunden marinieren. Der auf 180 °C vorgeheizte Ofen macht dann in kurzer Zeit aus ihnen eine goldbraune Köstlichkeit, die man warm essen sollte.

Grottammare, Piazza Peretti

Cupra Marittima

SÜSS AUFERSTANDEN

DAS war knapp! Fast hätte die Moderne die *marchigiani* um zwei traditionelle Multitalente gebracht. Den *lonzino di fichi* und die *sapa*, ohne die es den Ersteren sowieso nicht gäbe.

Der *lonzino* sieht nur auf den ersten flüchtigen Blick aus wie eine kleine Salami. Tatsächlich ist es eine süße Versuchung, die sich hinterm Feigenblatt versteckt. Eine dieser zähen italienischen Zauberpasten mit Nüssen, Mandeln, Gewürzen und getrockneten Früchten – in diesem Fall Feigen. Entstanden ist das Produkt in den bäuerlichen Küchen des Vallesina. Zwischen Meer und den Castelli di Jesi reiften die Feigensorten *Dottati* und *Brogiotti*, die im September kurz vor der Weinlese geerntet werden konnten. In dem von zwei Flüssen gut bewässerten Tal fiel die Ernte immer reichlich aus, ebbte aber ab, weil die Früchte für den Massenmarkt zu delikat waren. Damit war dem *lonzino* die Grundlage genommen. Der Powerriegel, der Kindern als Pausensnack schnelle Energie brachte und den Eltern abends zum Käse schmeckte, wurde mangels richtiger Zutaten kaum noch hergestellt. Denn da ist der *marchigiano* konsequent, entweder es kommt rein, was rein muss oder es gibt keinen *lonzino*. Absolut ausgeschlossen, irgendeine andere Feigensorte dort hineinzuschmuggeln.

Das gleiche gilt für die *sapa*. Der Traubensirup ist das A und O in der Küche der Marken. *„Aah, la sapa … ooh, die ist schwer zu kriegen."* In den Geschäften meistens *„finita"*, die Hausfrau kocht selber ein. Das dauert! Mindestens zehn Stunden sollte der frische Most simmern. Nur so entsteht das karamellig-fruchtige Konzentrat, das den Einheimischen als Alleskönner dient: Als Würze im Essen oder Sauce überm Nachtisch, als Kinderspaß über eine Handvoll Neuschnee, pur gelöffelt gegen Sodbrennen, mit warmer Milch bei Halsschmerzen oder mit Minze als absolute Beautybooster-Gesichtsmaske.

So was muss gerettet werden. Lokale Produzenten stellen die *sapa* wieder her, die Vermarkter muss man aber erst einmal finden. Und die Feinschmeckerbewegung Slow Food hat die Produktion der alten Feigensorten neu angekurbelt. Mit ihnen blüht auch der *lonzino* wieder auf.

LONZINO DI FICO
Süße Feigensalami
2–3 STÜCK

80 g geschälte Mandeln

500 g getrocknete Feigen

50 g Walnüsse gehackt

400 ml Sapa

2 TL Anislikör Mistrà
  oder 1 TL Anissamen

Feigenblätter (oder Butterbrotpapier)
  und Garn zum Einwickeln

Zuerst den Ofen bei 180 °C anheizen, damit die Mandeln dort 10 Minuten auf einem Blech angeröstet werden können. Sobald sie soweit abgekühlt sind, dass man sich nicht mehr die Finger verbrennt, werden sie grob gehackt. Dann kommen die getrockeneten Feigen nach und nach in den Mixer, der sie in kleine Stückchen zerteilt. Mit einer Engelsgeduld müssen anschließend Nüsse, Feigen und die übrigen Zutaten in einer Schüssel gemischt werden. Zum Schluss wird die klebrige Masse auf die Feigenblätter (oder das Papier) verteilt und zur Salami gerollt. Mit Küchengarn fixieren und an einem kühlen Ort zum Ausruhen ablegen. Der Lonzino entspannt gerne tagelang, bevor er in Scheiben geschnitten serviert wird.

Senigallia, Portici Ercolani

Fano, Piazza Sansovino

RUHM UND RUMMEL

DER Ort ist kein *„gran chè"*, nix Dolles, keines der zahlreichen Schmuckstücke Italiens. Eingezwängt in die Furlo-Schlucht. Piazza, Kirche, Bar, Supermarkt, irgendwo im Nirgendwo der Bergwelt Provinz Pesaro-Urbino. Nix Besonderes? Völlig falsch! Denn hier und nur hier stimmen die klimatischen Bedingungen für den *tuber magnatum pico*. Während die knapp 5000 Einwohner noch mit der lateinischen Aussprache hadern, heben Trüffelkenner weltweit anerkennend beide Augenbrauen. Der, also der … ganz exquisit! Ein fürstliches Exemplar.

Genauso wird der *tartufo bianco* auch behandelt. Auf Samtkissen wird er gebettet, wenn einmal im Jahr ihm zu Ehren das ganz große Tamtam startet. Ein Event von höchster Bedeutung, die *Fiera Nazionale del Tartufo*. Jedes Jahr am letzten Wochenende im Oktober wird Acqualagna von weitgereisten Feinschmeckern und amüsierlustigen Nachbarn aus den umliegenden Dörfern angesteuert. Der größte Acker wird zum Parkplatz, die *Guardia Civile* und die lokale Polizei sind im Dauereinsatz, um die Menschenmassen ins *centro* zu lotsen.

In den Gassen keiner, der nicht etwas mit Trüffelaroma anbietet. *Bruschette* sowieso, Öle auch, dazu Waffeln, Bonbons, Marmeladen, Eis. Schwadendick müsste der Trüffelduft durchs das Örtchen ziehen – tut er aber nicht. Es riecht nach Jahrmarkt. Und es ist Jahrmarkt. Die Piazza ist gesäumt von Ständen mit weißer Lackfolie und schwarzen Tischdecken. Der Prosecco perlt zum Champagnerpreis und in den Buden hantieren Menschen mit Baumwollhandschuhen. Sie lachen wenig für Italiener, der *tartufo bianco* scheint eine ernste Angelegenheit zu sein. Bis zu 6500 Euro pro Kilo erzielt die dolle Knolle in diesem Jahr. Mehr schafft nur der Weiße aus Alba. Sie stellen kleine Klümpchen und faustdicke Dinger hinter Glas aus. Manchmal hängt noch etwas Erde an der glatten gelben Rinde. Nur gucken erlaubt. Nicht schnuppern, nicht schmecken. Zu essen gibt es an den Imbissständen gegenüber nur den schnöden Schwarzen mit *pasta*, mit *crescia*, mit *fritata*.

16 Trüffelsorten finden sich in den Wäldern rund um den kleinen Ort. Aber nur der eine Weiße ist den großen Zirkus wert. Das geht schon bei der Suche los. Die allerbesten Exemplare sind im Nebel vor Tagesanbruch zu finden. Scheint dazu der Vollmond wird's ein Volltreffer. Wissenschaftlich belegen lässt sich das nicht. Aber beim *tuber magnatum pico* sind die Forscher ohnehin mit ihrem Latein am Ende. „Er lässt sich nicht reproduzieren!" erklärt die *signora* am Trüffelbäumchen-Stand. Zwischen Staubsaugern und sizilianischen Süßigkeiten verkauft sie im Messe-Zelt kleine Eichen-Setzlinge, deren Wurzeln mit Sporen schwarzer Trüffel eine lukrative Verbindung eingegangen sind. Darunter sollen schon in ein paar Jahren Trüffel wachsen. Man müsse sich mit den Bäumchen einen kleinen Garten anlegen und die Knollen einfach ausbuddeln. Ernten eben, wie Kartoffeln. Sowas ist mit dem Weißen nicht zu machen. Die Dame zeigt auf große Laborbilder von Petrischalen und Mikroskopen. „Sie wissen nicht warum, aber es funktioniert mit dem *tartufo bianco* einfach nicht. Seine Sporen gehen nicht an." Wem das Experiment eines Tages gelingen sollte, der wird ein berühmter Mensch. Die *signora* nickt schon mal anerkennend. Aber bis dahin gelten der ganze Ruhm und Rummel nur ihm: dem *tartufo bianco* aus Acqualagna.

CROSTINI AL PATÈ DI FEGATINI DI POLLO
Geröstetes Brot mit Hühnerleberpastete

8 PORTIONEN

200 g Hühnerleber
½ Zwiebel
20 g Butter
1 EL Olivenöl
100 ml Weißwein
1 TL Kapern (in Salz)
Salz, Pfeffer, Piment
8 Scheiben Baguette

Die Hühnerleber wird gewaschen – sie kann bis zur Hälfte durch feines Schweinemett ersetzt werden, dann wird die Paté eher fester, dafür milder im Geschmack. Die halbe Zwiebel muss sehr fein gewürfelt sein, bevor sie in der Butter und dem Öl glasig gebraten wird. Dann folgt die Leber und wird nach 2–3 Minuten Garzeit mit dem Weißwein abgelöscht. Während der Sud einzukochen beginnt, werden die Lebern herausgenommen, fein zerkleinert und köcheln dann im Sud bis zu 10 Minuten weiter. Sobald die Kapern gewässert und zu einer Masse gehackt sind, können sie gemeinsam mit gemahlenem Pfeffer, Salz und nach Gusto Piment die fertig gegarte Leberpaste würzen. Als klassischer Antipasto kommen die beidseitig gerösteten Weißbrotscheiben mit der vorzugsweise noch warmen Paté unters fürstlich verwöhnte Volk.

RISOTTO ALLA MARCHIGIANA
Risotto mit Zimt

4 PORTIONEN

Die Zwiebel würfeln und in einem großen Topf in Butter anschwitzen. Mit einem Liter warmen Wasser auffüllen. Wenn es kocht, kommt der Reis hinzu, gemeinsam mit dem Pecorino (salzig!) und einer Messerspitze Zimt.
In 15 Minuten Kochzeit könnte er gerade den richtigen zarten Biss haben. Dann geben die passierten Tomaten Farbe und es kann mit Salz und Pfeffer abgeschmeckt werden. Serviert wird der Risotto mit einem Häubchen aus geriebener Zitronenschale und geriebenem Parmesan.

1 Zwiebel
40 g Butter
400 g Risottoreis
200 g geriebener Pecorino
1 Msp. Zimtpulver
100 ml passierte Tomaten
Salz, Pfeffer
Schale von 1 Zitrone
geriebener Parmesan

AGNELLO MARINATO

Marinierte Lammschulter

4–6 PORTIONEN

1 kg Lammschulter
200 ml Weißwein
200 ml Wasser
100 ml Weinessig
2 Knoblauchzehen, in Scheiben
4 Stängel Thymian
4 Salbeiblätter
3 Lorbeerblätter
2 kleine Rosmarinzweige
2 Gewürznelken
etwas Zitronenschale, in groben Streifen
Salz, Pfeffer

Dem Lamm wird eine warme Wanne vorbereitet. Dazu werden Wein, Wasser und Essig mit allen Zutaten in einem Topf kurz aufgekocht. Während der Sud abzukühlen beginnt, wird der Knochen aus dem Fleisch gelöst. Dann darf es eintauchen und über Nacht die Marinade auf sich wirken lassen. Nun muss es nur noch auf den Grill oder bei 180 °C für 30 Minuten in den Ofen, bevor es in Scheiben geschnitten serviert werden kann.

Ofenkartoffeln, als Viertel mit Rosmarin zubereitet, passen gut dazu.

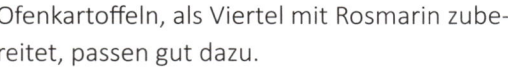

TEATRO ROSSINI

29

Pesaro, Piazza Lazzarini

Fermo, Piazza del Girfalco

MÄNNERKÜCHE MARITIM

FRANCESCO steuert seinen Kutter ganz langsam aus dem Hafen von San Benedetto del Tronto. Der Weg aufs Meer ist sandig. Vor der Madonna an der Einfahrt liegt bereits der Arbeitskahn und baggert seit Wochen den Sand hinter die Molen. „*Oddio …*" Der Fischer macht eine abschätzige Handbegwegung. „Das ist Italien! Einfach hinter die Mauer mit dem Kram, was glauben die wohl, was das Meer damit macht?" Der erfahrene Kapitän in kurzen Hosen schüttelt den Kopf. 90 Prozent der Adria-Strömung geht nach Süden, aber die Häfen sind alle nach Norden geöffnet. Francesco steht ganz vorne in seinem Boot, hebt die Arme gen Himmel und sperrt den Mund so weit auf, wie er kann. „So nehmen wir den Sand auf, so, wie ein Fisch mit offenem Maul."

Als er die Madonna passiert, nickt Francesco ihr zu. Dann wirft er dem Baggerboot einen mitleidigen Blick zu, gibt den 300 PS im Kielraum die Sporen und schippert mit flatterndem T-Shirt auf die Adria hinaus. Der Kahn hält Kurs, der Fischer kann sich seinem Fang vom Morgen widmen. „Der erste *polpo* seit 2 Monaten". Zufrieden hebt der alte Mann den Tintenfisch in die Luft und knallt ihm eine. Wozu ist das gut? Francesco lacht kehlig. „Damit er wach bleibt!"

Tintenfisch muss man weichklopfen. Das geht von Hand, macht aber einen Arm so lang, dass du das Netz vom Grund raufholen kannst. Bestimmt nicht! Es gibt sonst nur zwei Möglichkeiten, das Vieh genießbar zu machen. Für eine Woche ab in den Tiefkühler, da geben die Fasern nach – oder er übergibt an Leonardo. Sein Kumpel hält im Hafen die Stellung, flickt die Netze und kocht. Den fangfrischen Wonneproppen wird er gleich im aufgesetzten *Sugo* versenken. 10 Minuten später, wenn die Pasta *al dente* ist, hat Leo den Tintenfisch weichgekocht.

Spaghetti allo scoglio hat der weißhaarige Leo fürs Mittagessen zwischen Tauen, Seilen und Winden auf dem Herd seiner Hafengarage. Als *primo piatto* für den Anfang. Danach gibt's frittierten Fisch. Der fette Klassiker geht immer, auch am heißesten Tag des Jahres. Barbara ist mit ihrer Freundin

Laura und ein paar marinierten Sardinen vorbeigekommen. „Die müsst ihr probieren!" Leonardo begutachtet die Kreationen in Peperoncino und roten Zwiebeln kritisch. „Kannste nicht nachmachen. Die müssen schockgefroren werden", sagt Barbara. „Freunde von mir machen die jetzt professionell." Barbara vercheckt alles, was ihr in die Finger kommt. Sie kennt jeden und hat für alles einen Spezialisten: „Oliven – müsst ihr dahin. Mehl – zu dem. Bootfahren – mit oder ohne Aperitif? Mit Kindern besser die Fischkuttertour mit Francesco!" Die will sie auch vermarkten. Deshalb ist sie hier. Ob die gestandenen Jungs da ein Geschäft sehen? Egal. Sie sehen Barbara, und die schmückt ihre Tafel. Die Brünette mit den leuchtend weißen Zähnen und den viel zu hohen Hacken ist die gute Laune in Person und mit der blonden Laura im Schlepptau ein unschlagbares Unterhaltungsduo.

Von den Damen und der Kochkunst angelockt, hat sich Nachbar Giuseppe zum Essen eingeladen. Als Gegenleistung kellnert der Mann komisch. Den *fritto* trägt er als orientalisch Verschleierte auf, mit dem Obst füllt er erst sein Dirndl, dann die Servierplatten. Nur keine Hemmungen, hier ist Hafen. Da grölen die Mädels und die Jungs biegen ihre nackten braunen Oberkörper vor Lachen. So machen sie sich Luft zwischen den Gängen.
Nach dem *caffè* ist noch lange nicht Schluss. Bei über 40 Grad hat sich die lustige Tischgesellschaft auf der Mole gerade drei Gänge reingedonnert und spricht jetzt – übers Essen! Erst über rohe *cappelletti* (s. S. 147). *„Una meraviglia,"* schwärmt Giuseppe, Laura stimmt zu. „Wenn meine Oma sie für Gäste machte, hat mein Bruder sie abgelenkt, ich habe welche zerdätscht und dann haben wir gesagt: Nonna, die kannste aber nicht anbieten." Also schwupps in den Mund damit. Sehr gut, Giuseppe nickt anerkennend und legt nach. „Meine Mutter hat Hackbällchen immer abgezählt!" Kollektives „Öööööh, wie gemein ist das denn?" Giuseppe: „Wir haben aber trotzdem genascht. Angebissen und mit der heilen Seite nach oben zurück auf den Haufen!"

Von dieser Sünde geht's zur nächsten: Nutella. Dem kollektiven Sehnsuchtsseufzer folgen die Vorlieben. „Direkt vom Löffel!" *„No* … mit Brot, ganz dünn."„Aufs Brot ja, aber ganz dick!" Da lässt sich Laura auf keine Diskussion ein, seit sie in dieser Frage ihre englische Mum los ist. Die hat in Sachen Haselnusscreme Disziplin verlangt: Immer nur ganz wenig. „Einmal hatten wir Besuch. Ich dachte, jetzt nimmt sie es nicht so genau. Richtig üppig habe ich mein *cornetto* bestrichen." Laura schaut grinsend in die Runde. Kurzer Triumph. Dann ernste Miene, harte Worte: „Meine Mutter ist aufgestanden, um den Tisch gegangen und hat mich mit dem Gesicht ins *cornetto* gedöppt!" *Nooo!* Kollektive Fassungslosigkeit. So schlimm ist nicht mal diese seit Tagen anhaltende Superhitze. Die gegrillte Tischgesellschaft nimmt einen Schluck Wasser, räkelt sich in den Plastikstühlen. Kurze Pause, schon kommt die Frage auf: „Was gibt's eigentlich heute Abend?" Startsignal für Francesco. Er tuckert mal raus, Netze checken und mal hören, ob der arme Typ vom Baggerboot was zu essen bekommen hat. Außer Sand.

SEPPIE CON LE PATATE
Tintenfisch mit Kartoffeln

4 PORTIONEN

600 g küchenfertiger Tintenfisch
   (Polpo)
5 mittelgroße Kartoffeln
Zitronensaft / Weißweinessig
2–3 Stängel Petersilie
Salz, Pfeffer
Olivenöl

Die Tintenfische und die geschälten Kartoffeln werden jeweils in appetitliche Stücke geschnitten und getrennt in Wasser gegart. Die Kartoffeln sollten dabei nicht zu weich, die *polpi* aber schön zart werden, was durchaus eine halbe Stunde Kochzeit bedeuten kann. Mariniert und abgeschmeckt mit Zitronensaft (und/oder Essig), sehr fein gehackter Petersilie, Salz und Pfeffer und nicht zu spärlich mit Olivenöl benetzt kann der Salat erst einmal durchziehen. Gegessen wird er am besten gekühlt.

SPAGHETTI ALLO SCOGLIO
Spaghetti mit Meeresfrüchten

4 PORTIONEN

500 g Venusmuscheln

500 g Miesmuscheln

4 EL Olivenöl

4 Scampi

300 g Calamari

300 g Cocktailtomaten

2 Knoblauchzehen

100 ml Weißwein

350 g Spaghetti

Salz

1 Bund Petersilie,
    fein gehackt

Pfeffer

Damit die Muscheln den Sand ausspucken, badet Leonardo sie in einer Schüssel mit kaltem Leitungswasser. Die Prozedur wiederholt er mehrfach, bevor er 2 EL Öl in einem großen Topf erhitzt. Sobald er die Muscheln im Topf versenkt hat, kommt der Deckel drauf. Jetzt wartet er, bis sie nach 4–6 Minuten offen sind. Den Sud gießt Leonardo durch ein Sieb mit Tuch in einen großen Becher. Die Scampi nimmt er aus, schneidet die geputzten Calamari in schmale Ringe und viertelt die kleinen Tomaten. In einer Pfanne macht der Hobbykoch das restliche Öl heiß, lässt darin kurz die Calamari brutzeln, addiert die halbierten Knoblauchzehen, löscht mit Wein und lässt ihn gut verdampfen, bevor er die Tomaten dazu mischt. Jetzt wird die Pasta aufgesetzt. Sind die Spaghetti im kochenden Salzwasser, packt Leonardo die Scampi in die Pfanne. Ein paar Löffel vom Muschelsud kann der Sugo jetzt vertragen. Gleich muss er die Spaghetti absiehen, aber vorher müssen auch die Muscheln in die Sauce. Hat Leonardo die abgetropften Nudeln untergehoben, wirbelt er mit fein gehackter Petersilie, Pfeffer und einem finalen Schuss Olivenöl über sein Gericht. Schnell zum Tisch, Francesco wartet schon.

S. Benedetto del Tronto, Hafen

O BOHNE MIO

DIE Bohnen sind traurig. Seit Monaten Dürre, seit Tagen Temperaturen, die selbst hier auf dem hohen Berg an der 40-Grad-Marke kratzen. Tausend Liter Wasser ziehen sie täglich auf ihrem überschaubaren Acker weg. Paola hegt sie, rupft und redet auf die Büsche ein. Aber kein Regen ist kein Regen. Nichts zu machen, es ist zum Haareraufen! Genau das macht die gestandene Frau. Sie steht im Feld, nimmt den Strohhut ab und schiebt sich mit beiden Händen die dichten schwarzen Strähnen aus dem Gesicht. „Die Blüten sind nicht fruchtbar, guck … da kann dieser Brummer machen, was er will." Die eine Hummel bestäubt noch eifrig, alle anderen schleppen sich bei dieser Hitze nur noch durch den Tag.

Paola lässt die schlappen Blüten durch ihre Finger gleiten. „Sie sind trist, das macht mich fertig." Die Bergfrau und ihre Bohnen, das ist eine Einheit, eine Symbiose. „Wenn du schlecht zur Bohne bist, ist sie schlecht zu dir." Das meint sie wirklich ernst und schimpft über falsche Dresch- und Trockenmethoden. So eine Bohne mag robust aussehen, ist aber ein zartes Pflänzchen. Zu früh gepult und zu feucht gelagert, bekommt sie eine zähe, unbekömmliche Schale. Aber Paolas Bohnen nicht! Ihre Hülsenfrüchte verbergen ihren zarten Schmelz unter einer feinen Haut. „Ich mag die vielen Farben und Formen, die sie hervorbringen." Schon die Blüten variieren weiß, rot, manche gebräunt – und erst die Früchte: lange, kurze, dicke und die mit dem schwarzen Punkt. „Die sehen aus wie kleine Mönche … *ah, troppo bello!*" Einfach zu schön.

Die Vorliebe für Bohnen hat sie wohl von der Mamma und der Nonna. Beide haben hier in der Hochebene des *Val di Chienti* leidenschaftlich gegärtnert. Da hat sie sicher als Kind schon mitgeholfen. „Wer, ich?" Sie schüttelt energisch den Kopf. „Ich doch nicht!" Was für eine Frage. *„No!"* Die Alleinerziehende hat das Gärtnern erst vor ein paar Jahren entdeckt, als Antidepressivum. „Was in der Hand, eine Harke, eine Pflanze, eine Bohne, das ist meine Therapie." Sie muss viel gegärtnert haben, denn Paola ist eine lustige Frau. „Bis zur Geburt meiner Kinder habe ich kein bisschen Gemüse gegessen." Was denn? „Alles Ungesunde dieser Welt und geraucht wie eine Irre." Man sieht, dass diese Frau gerne gefeiert hat. Das hat sie von ihrem Vater. Mochte der Bohnen? „Bohnen? Der mochte schöne Frauen!" Obwohl – wenn sie es recht bedenkt, wollte der *papà* nach den Festen immer eine *minestra fagioli e patate*. „Ahhh, die gibt Kraft!" Kann Paola wärmstens empfehlen – nur nicht gerade bei sommerlichen 40 Grad im Schatten.

MINESTRA RISO E PATATE
Rustikaler Eintopf
4 PORTIONEN

80 g getrocknete Bohnen
  nach Wahl
1 Zwiebel
1 EL Olivenöl
2 Kartoffeln
6 Kirschtomaten
  oder 3 EL passierte Tomaten
1 Selleriestange
1 Karotte
3 Majoranzweige
6 Blätter Basilikum
100 g Risottoreis
Salz, Pfeffer
Parmesan, gerieben

Paola hat immer ein paar gewässerte Bohnen im Haus, alle anderen
sollten sich auf die Suppe vorbereiten und die getrockneten Hülsenfrüchte über Nacht einweichen. Wenn es losgeht, schneidet Paola als Erstes
die Zwiebel klein und lässt sie 3 Minuten im Topf in heißem Öl schwitzen.
Die geschälten Kartoffeln würfelt sie ebenso klein und gibt sie dazu. Sind
auch sie leicht angebraten, fügt sie die Tomaten oder die Passata hinzu.
Langsam einköcheln, aber nicht anbacken lassen. Dann füllt Paola mit
1 Liter Wasser auf, rührt kleingeschnittenen Sellerie und gewürfelte
Karotte sowie die kleingerupften Kräuter unter. Sie gönnt der Suppe
mindestens eine halbe Stunde auf dem Herd. Eine Minestra braucht Zeit,
um sich zu entfalten. Riecht Paola, dass sich alle Zutaten gut verbunden
haben, kommen Reis und Bohnen in den Topf. Wenn die Köchin sie für
bissgerecht hält, salzt und pfeffert sie nach Bedarf, dann serviert sie den
heißen Kraftspender mit geriebenem Parmesan.
Diese Suppe kann wahlweise statt mit Bohnen mit Linsen gekocht
werden. Dann lässt Paola aber auf alle Fälle die Karotte weg, sonst wird
es ihr zu süß.

FAVE CON PESTO DI RUCOLA

Dicke Bohnen mit Rucolapesto

4 PORTIONEN

1 kl. Bund Rucola
30 g geriebener Pecorino
20 g gemahlene Mandeln
ca. 60 ml Olivenöl
1 kleine Knoblauchzehe
400 g dicke Bohnen
1 Spritzer Rotweinessig
2 Scheiben Weißbrot
30 g pikante Salami

Zuerst wird die Rucola mit dem Käse, dem Knoblauch, den gemahlenen Mandeln und dem Olivenöl zu einer dickflüssigen Creme püriert.

Die dicken Bohnen blanchieren, mit kaltem Wasser abschrecken, häuten und mit ein paar Tropfen Rotweinessig präparieren.

Aus dem Weißbrot werden mit etwas Olivenöl leckere kleine Croutons und auch das Salamistück endet in Würfeln.

Zeit anzurichten. Heute landen die Bohnen mit Brot und Wurst in einem Teich aus Rucolapesto, das nächste Mal werden sie vermengt und mit dem Pesto übergossen, je nach Laune.

INSALATA DI BORLOTTI
Bohnensalat

6–8 PORTIONEN

1 kg Borlotti Bohnen (frisch mit Schale)
Salz
Selleriegrün
1–2 rote Frühlingszwiebeln
Pfeffer
1 EL Balsamico Essig
Olivenöl

Die Bohnen werden gepult und wie Pasta in Salzwasser gekocht, bis sie *al dente* sind. Das dauert bei Borlottis etwa 30 Minuten. Genug Zeit, um in aller Ruhe das frische Selleriegrün und die Frühlingszwiebeln in feine Streifen zu schneiden. Das Grünzeug kann schon mal in einer Salatschüssel mit Salz, Pfeffer, einem guten Schuss Balsamicoessig und zwei Esslöffeln Olivenöl vermischt werden. Die Bohnen sollte der Koch immer gut im Blick behalten, sie neigen zum Überschäumen. Sollte das der Fall sein, abschöpfen und Wasser nachgießen. Die Bohnen sind gar, wenn sie noch Biss haben. Dann werden sie abgegossen, mit kalten Wasser abgespült und kurzerhand auf den Salat gegeben. Flott unterheben und gerne noch warm servieren. Schmeckt aber auch kalt.

CROSTINI CON PESTO DI FAVE
Saubohnenpesto
6 PORTIONEN

250 g dicke Bohnen (frisch oder tiefgekühlt)
5 EL Olivenöl
5–8 Blätter Minze
Salz, Pfeffer
6 Scheiben Weißbrot
50 g frischer Pecorino

Die Bohnen kommen für etwa 5 Minuten in kochendes Salzwasser, bis sie an der Oberfläche tanzen. Abgießen und häuten. In einem hohen Gefäß macht sie der Pürierstab mit Öl, Minzeblättern, Salz und Pfeffer zu einer geschmeidigen Paste. Das Weißbrot rösten, dick mit Pesto bestreichen und mit einer dünnen Scheibe Pecorino verzieren.

FAVE FRESCHE
Frische Saubohnen
4 PORTIONEN

250 g dicke Bohnenkerne
Schale von 1 Zitrone
Pfeffer
80 g Pecorinokäse
Olivenöl

Frische Bohnen werden gerne vorweg gereicht. Entweder einfach in der Schote zum Selberpulen oder etwas weniger rustikal fertig angerichtet: Mit Spänen von reifem Pecorino und frischer Zitronenzeste, einem Hauch schwarzem Pfeffer und ein paar Tropfen vom besten, kräftig grünem Olivenöl.

Porto S. Giorgio, Lungomare Gramsci

FLOTT ZUM FISCH

Wo Gabriele ist, da ist die Sonne – und seine Tochter Rachela. Meistens jedenfalls. Zum Beispiel an diesem wunderschönen Oktobertag. Es ist sommerlich, die Socken können noch im Schrank bleiben, die leichten Daunenjacken haben sie nur dabei, weil ja fast schon November ist. Reine Formsache. Ebenso die Tatsache, dass die Uni heute angefangen hat. Nicht für Rachela. Die Neustudentin hat Zeit, ganz konkret sechs Jahre. „Dann machen wir Examen!" Pluralis familiaris. Es ist selbstverständlich, dass der Papa sie durchs Studium begleitet. Der *poliziotto* ist in Pension und hat sich als junger Mann auch in Medizin versucht. Die Fachrichtung steht fest: "Chirurgie, uns gefällt das Schneiden," sagt der Vater. Aber „*con calma*", immer mit der Ruhe.

Die Sonne scheint. Pilotenbrille auf, Nase ins Licht, gelassen bleiben und dem anderen gemeinsamen Faible den Vorzug geben. Cruisen in schönen Autos. „Ich mag Deutschland", sagt Gabriele. Er meint: „Ich mag Porsche." Er weiß, dass sein Oldtimer aus Stuttgart stammt, und er weiß auch, dass das für ihn als Reiseziel keine Option ist. „Viel zu kalt." Das gleiche gilt für das Heimatland seines polierten Morgan. England – indiskutabel. Wenn der Ruheständler die Marken verlässt, dann Richtung Teneriffa. Die Kanareninsel hat er für seine Familie zum Überwintern entdeckt.

Nicht, dass Gabriele aus den schneebedeckten Bergen des Appenin stammt. Er ist aus Recanati, gerade einmal 12 Kilometer von der Küste entfernt. „Ach, das Meer", sagt der junge Rentner, zuckt die Schultern und wickelt sich eng in seinen Pulli. Zu windig, zu kalt oder zu voll. „No! Aus dem Meer mache ich mir nichts." Rachela lächelt milde: „Er hat es immer gehabt, wenn er es verlassen müsste, würde es ihm doch fehlen." Ihr graut jetzt schon vor dem Studium in Chieti. Anderthalb Stunden weit weg von Zuhause, noch dazu in den Bergen Richtung Rom. Rachela hat schon entschieden: am Wochenende nach Hause, immer! Und in den Semesterferien zum Lernen mit Meerblick ins Häuschen nach Numana.

Das Ferienhäuschen der Familie ist in 20 Autominuten von Recanati zu erreichen. Es liegt ganz vorn auf dem berühmten Küstenberg *Conero* und ist Gabriele und Rachela bei blauem Himmel immer eine Cabriofahrt wert. Dabei geht es ihnen nicht nur ums Cruisen, sondern auch ums Essen. Was? „*Pesce fritto*" das hat das schüchterne Gespann schneller entschieden als ihr Porsche den Motor aufheulen lässt. Beim frittierten Fisch kommt nicht irgendeiner in Frage, nur der von Ricci in Numana. „*Spettacolare*" loben sie, Signor Ricci fischt nämlich selbst und verarbeitet seinen Fang anschließend sofort im kleinen Fischimbiss. Heute gab es zum *fritto* noch eine panierte Seezunge. „Ahh *buonissima*, nehmen wir noch eine?" Gabriele prüft den Sonnenstand und beantwortet sich seine Frage selbst. „*Sì, eh…!*" Er rückt den Tisch aus dem Schatten und holt Nachschlag. Der perfekte Vater-Tochter-Tag.

Was macht so ein Gespann, wenn es mal regnet? „Dann bleiben wir zuhause." Und was esst ihr? „*Vincisgrassi!*" Zwei Menschen, ein Wort. Der marchigianische Nudelauflauf scheint ohnehin nur daheim der einzig Wahre zu sein. Es gibt unzählige Varianten, mit und ohne Tomate, trocken oder saftiger, mit und ohne Hühnerklein. Insgeheim tobt ein kulinarischer Glaubenskrieg um die Speise zu Ehren des österreichischen Generals Windisch-Graetz, dessen für Italiener unaussprechlicher Name den *vincisgrassi* Pate stand. Ja, mag sein, dass es Varianten gibt, aber eins weiß Rachela genau: „Die *besciamella* nur oben, alles andere ist *lasagna*!" Was genau und wie genau, weiß die Mama. Die kocht. Vater und Tochter haben dafür keine Zeit. Die Sonne scheint, sie machen dann mal eine Studienfahrt!

FRITTO DI PESCE
Frittiertes Fischerlei
4 PORTIONEN

200 g Calamari
200 g Gamberetti (kleine Scampi)
200 g Fischfilet
200 g Sardinen

Mehl Type 405 oder feiner Hartweizengrieß
Olivenöl oder Erdnussöl zum Frittieren
Salz

Für *pesce fritto* kommt die gesamte kleinteilige Meeresfauna in Frage. Die Zusammensetzung wird vom Fang des Tages bestimmt oder von den Vorlieben der Esser.
Sardinen werden ausgenommen, größere Fische filetiert und bei Bedarf in leckere Stücke geschnitten. Auch die *calamari* oder *polpetti* werden mundgerecht vorbereitet.
Bevor frittiert wird, werden die Teilchen in mit etwas Salz vermischtem Mehl gewendet. Aufpassen, dass sie nicht miteinander verkleben! Je nach Art kommen die Leckereien nacheinander ins heiße Öl: Ganze Fischchen (Sardinen) zuerst, dann Fischfiletstücke, dann Calamari. Die Krustentiere zum Schluss, sie sind viel schneller gar und sollen noch saftig bleiben!
Alles zusammen tropft auf Küchenpapier ab und wird außer Haus auch direkt vom Papier vernascht …

VINCISGRASSI
Nudelauflauf
FÜR 4 PERSONEN

Nudelteig:
200 g Hartweizengrieß, fein
200 g Weizenmehl 405
2 Eier
100 ml Vinsanto
    oder Vino Liquoroso

Béchamelsauce:
30 g Butter
30 g Mehl
300 ml Milch
etwas Muskatnuss, gerieben

Füllung:
300 g Kalbs- oder Rinderhack
3 EL Olivenöl
30 g Butter
1 Karotte
1 Selleriestange
100 g Lardo
    oder Schinkenspeck
1 Zwiebel
1 Knoblauchzehe
125 g Hühnerklein
150 ml passierte Tomaten

1 schwarzer Trüffel (20 g)
    oder getrocknete Steinpilze
    oder Champignons
100 ml Weißwein
100 ml Milch
Gewürznelke, gemahlen
Salz
Pfeffer

Butter für die Form
150 g Parmesan, gerieben

Damit der Nudelteig schön geschmeidig wird, sollte er 1 Stunde ruhen können. Also wird er zuerst vorbereitet. Kein Rezept kommt ohne den Hinweis aus, dass die Eier in einer Mulde im Mehlgemisch landen! Weitere Zutaten hinzufügen und sehr gründlich durchkneten. Mit dem *vinsanto* kann man die Zähigkeit des Teigs einstellen – er darf natürlich nicht krümelig sein, aber je fester er gerät, desto besser lassen sich später dünne Platten ausrollen. Duftet herrlich, trotzdem vor dem Austrocknen schützen.

Wer sein Fleisch für die Füllung nicht schon durchgedreht kauft, kann es selbst hacken, es darf feinstückig bleiben. Öl und Butter werfen in der Pfanne erhitzt, Karotte und Sellerie in großen langen Stücken, Lardo, Zwiebel und Knoblauch feingehackt darin angeschmort. Das Fleisch wird angebraten, bevor die Zwiebeln braun werden. Wer Innereien unter seinem Hühnerklein hat, fügt sie erst gegen Ende der Garzeit hinzu. Die Tomaten geben dem Ragout eine freundliche Farbe. Jetzt ist Zeit für die geraspelten Pilze. Mit dem Wein wird abgelöscht, etwas später folgt die Milch. Wenn die Karotten- und Selleriestücke weich sind, können sie herausgenommen und zerkleinert zurückgegeben werden. Die Füllung soll nicht zu krümelig werden, aber auch nicht suppig. Gewürze kommen erst, wenn sie nicht mehr zu verkochen drohen. Großzügig abschmecken!

Das Walzwerk kann loslegen. Aus dem Nudelteig müssen dünne rechteckige Platten entstehen, praktischerweise nicht viel größer als 15 cm Kantenlänge. Die Nudelplatten werden nacheinander kurz *al dente* in Salzwasser gekocht, in kaltem Wasser ausgebremst und dann auf einem Küchentuch (kein Papier!) zum Abtropfen gelagert.

Béchamelsauce entsteht aus dem in Butter angeschwitzten Mehl, mit Milch abgelöscht und unter gründlichem Rühren zum Kochen gebracht. Salz und Muskat nicht vergessen!

Die Montage erfolgt in einer gebutterten Auflaufform. Die klassische Lagenfolge (Nudeln – Ragout – Nudeln – Béchamel – Nudeln ...) kann nach Belieben variiert und mit geriebenem Trüffel und Parmesankäse akzentuiert werden. Die Deckschicht ist eine Nudellage mit viel Béchamel und ausreichend Käsespänen.

In ca. 45 Minuten bei 180–200 °C werden die Vincisgrassi unter einer goldbraune Kruste vollendet. Vor dem Servieren ein paar Minuten durchstocken lassen.

Numana, Monte Conero

NORDISCHE BOTSCHAFT

GILBERTO hat schlecht geschlafen. Seine Verkäuferseele ist hellwach. „Warum macht ihr nichts über unsere Muscheln?" Wie bitte? Erstens sind wir gekommen, um die Fragen zu stellen und zweitens: „Sind Sie nicht im Vorstand der Stockfisch-Freunde Ancona?" Ja, doch natürlich, ist er. Der gestandene Mann mit der weißen Mähne wischt sich die Krümel des Frühstücks-Cornetto aus dem Mundwinkel. Die auf der Weste bleiben, auch als er jetzt Haltung annimmt. „*Stoccafisso* – ist nirgendwo so gut wie in Ancona …" Aha. Wie auf Knopfdruck spult der Stockfisch-Sekretär, der auch als Zirkusdirektor eine *bella figura* machen würde, alles runter, was es über den getrockneten Kabeljau zu erzählen gibt. Schon 1431 ist er an der Adria gestrandet. Ein Geschenk des Himmels für die Seefahrer, die Hülsenfrüchte längst satt hatten. Die Rettung für die arme Bevölkerung an Land. „Der Fisch kostete eine Lira", Gilberto dreht auf: „Schweinefleisch 50 Lire, verdammt, da gab es endlich was auf den Teller." Nicht mit viel Schnickschnack, sondern mit Karotte, Sellerie, Kartoffel, Petersilie, Tomate – was der Garten eben hergibt. Die Tradition hält sein Verein noch heute hoch. Nur so wird der einzig wahre ,*Stoccafisso all'Anconitana*' zubereitet.

Von allem anderen hält der weitgereiste Herr nichts. Was hat er nicht alles serviert bekommen! Wozu den Fisch mit Oliven traktieren, Olivenöl ist doch schon drin. Oder in Milch kochen? Er reißt die Arme hoch und verzieht das Gesicht, als hätte er in eine Zitrone gebissen. Die braucht er übrigens auch nicht zum Stockfisch. Und schon gar nicht die Gemüseberge obendrauf, die Kartoffeln gehören daneben. Schon in der Pfanne „da-ne-ben". Ganz wichtig. Er hat Stockfisch probiert, den er unter Paprikabergen suchen musste. „Völlig egal, ob sie eine Schuhsohle, ein paniertes Schnitzel oder Stockfisch mitkochen, man schmeckt es nicht mehr raus. Was soll das?" Der Mann liebt es zu fragen, und noch mehr liebt er es, die Antwort gleich mitzuliefern.

Aber jetzt sind wir dran. „Was ist ihnen lieber, *signore*, frischer Fisch oder Stockfisch?" Er stockt. Erwischt! Gilberto schaut sich um, keiner hört zu. Raus mit der Wahrheit. „Frischer Fisch natürlich!" *Stoccafisso* das ist so eine

Sache, ein Kindheitstrauma eigentlich. Einmal hat seine Mutter Stockfisch gemacht. Zwei Wochen lang musste sie ihn wässern. Gilberto wird ganz leise. *„La puzza!"* Der Gestank! Die Erinnerung macht ihn fertig, man kann es sehen. „Wir haben gesagt: Mamma, wenn du noch einmal Stockfisch machst, bringen wir dich um!" Also hat sie ihre Kinder anders groß gezogen. Wieso der stattliche Mann nun ausgerechnet mit Stockfisch sein Geld verdient? „Der wird ja schon gewässert geliefert", grinst er. Außerden vermarktet er einfach alles hier in seinem geliebten Ancona. „Wollt ihr nicht doch auch was über Muscheln machen?"

STOCCAFISSO ALL'ANCONETANA
Stockfisch Ancona
6 PORTIONEN

1 Gemüsezwiebel

1 Karotte

2 Stangen Sellerie

2 Knoblauchzehen

1 EL Kapern

1 kl. Bund Petersilie

250 ml Weißwein

200 ml Olivenöl

1 TL Oregano

1 Zweig Rosmarin

Salz, Pfeffer

200 g kleine Tomaten

600 g Kartoffeln

600 g Stockfisch, gewässert

Auf die Gemüsemarinade kommt es an. Bloß nicht in den Mixer, da ist Gilberto streng. Mit einem Messer sollten Zwiebeln, Karotte, Sellerie, Knoblauch, Kapern und die Petersilie fitzelfein gehackt sein. In einem hohen Topf werden die Schnipsel mit Weißwein, Olivenöl, Oregano, Rosmarin, Salz und Pfeffer zur Sauce. Kartoffeln und Tomaten vierteln. Stockfisch in ca. 2 x 3 cm große Brocken schneiden. Jetzt kommt die Schichtarbeit. Eine eckige Ofenform wird mit einem Löffel der öligen Gemüsesauce „gefettet". Auf der einen Seite kommt eine Lage des Stockfischs mit der Haut nach unten zu liegen, auf der anderen die Kartoffeln. Ein paar Tomatenstücke über alles verteilen, mit Gemüsesauce begießen, nächste Schicht. Schön getrennt Kartoffeln zu Kartoffeln, Fisch zu Fisch. Bis zu drei Lagen lässt Gilberto gelten. Dann kommt die Form entweder in den auf 160 °C vorgeheizten Ofen oder auf den Herd. Gut 5 Minuten wird dem Fisch eingeheizt, dann gart er bei kleiner Flamme (Ofen auf 100 °C runterfahren). Der Fisch darf ruhig gedeckelt werden, aber auf keinen Fall gerührt. Nach 1 Stunde ist der Stoccafisso fertig. Es bekommt ihm aber gut, noch 10 Minuten ohne extra Hitze im eigenen Saft zu ziehen.

Offida, S. Maria della Rocca

ICH KOCHE, ALSO BIN ICH

DER Beweis liegt auf der Zunge. Es gibt sie wirklich, die begnadete Köchin aus Offida. Zurückhaltend, fast scheu wirkt die zierliche Person, die im Internet aus sich herausgeht. Auf facebook teilt Sonia leidenschaftlich ihr Leben, ihre Küche, ihre Heimatstadt.

Direkt in der Ortsmitte, kurz vor der großen Piazza hat die Mitvierzigerin ein winziges Ladenlokal, kleine gelbe Markise unterm schmuckem Keramikschild: *Fior di Farina* steht da unter gepinselten Kornähren. So hübsch wie unauffällig. Innen zwei Tischchen und eine Theke, die es in sich hat. Hier lagern nicht nur die besten *olive ascolane* weit und breit, sondern vermutlich alles, was die Küche der Region gerade zu bieten hat. Zu Weihnachten Früchtekuchen, zu Karneval Schmalzcracker, zu Ostern Käsegebäck und immer *Funghetti di Offida*, kleine pilzfömige Anisbömbchen. Außerdem *involtini*, Salate, gefüllte Pizzen und hausgemachte Nudeln. Sonia hat zu jedem Gericht eine Erläuterung, kennt die Traditionen und die marchigianischen Küchengeheimnisse. Von Angesicht zu Angesicht gibt sie diese nur zögerlich preis, mailt aber gerne auskunftsfreudig und garniert ihre Posts so liebevoll, wie andere Leute Torten.

Zur Mittagszeit schließt Sonia den Laden und eilt nach Hause, um dort für ihre Familie zu kochen. „Einer muss es ja machen", sagt sie vorsichtig. „Und ich mach es ja gern." So gern und so gut, dass sie jeden Nachmittag weitermacht, experimentiert und seit neuestem Kurse anbietet. Außerdem ist sie bei jedem Stadtfest gefragt und mit einem eigenen Stand vertreten.

„Ich koche, ich koche, ich koche!" Sonia lächelt, stemmt eine Hand in die Hüften und lehnt sich mit der anderen an einen Tisch. Das gibt ihr Halt und die Haltung, mit der sie sich am liebsten in ihr Internetprofil setzt. Dort tischt sie neben ihren Speisen auch Fotos auf, von der Landschaft rund um ihr geliebtes Offida. Die Bilder sind so lecker, dass man glatt reinbeißen möchte. Zu schön, um wahr zu sein, aber trotzdem kein Fake. Wirklich, wenn Sonia kocht, kann man die Landschaft sogar schmecken.

TONNO DI CONIGLIO
Thunfischwürziges Kaninchen
6–8 PORTIONEN

1 Kaninchen (ca 1,2 kg)
3 EL Olivenöl
3 Knoblauchzehen
200 ml Weißwein
1 Prise Peperoncino
Salz
120 g Thunfisch in Öl
2 Sardellenfilets
2 eingelegte Paprikastücke gelb
2 eingelegte Paprikafilets rot
1 EL Kapern in Salz
200 g gehackte Petersilie
100 g dicke grüne Oliven ohne Stein

Das Kaninchen sollte in reichlich gulaschgroße Stücke zerteilt sein. Sonia kocht sie 10 Minuten lang in einer Kasserolle mit Öl und 2 zerdrückten Knoblauchzehen. Dann gießt sie den Wein zum Fleisch, gibt einen Hauch Peperoncino und eine Prise Salz hinzu. Bei kleiner Flamme Deckel drauf. Ab und zu rührt Sonia, bis alle Stückchen leicht gebräunt sind. Auf einem großen Schneidebrett verarbeitet sie alle anderen Zutaten mit einem Messer zu einer groben Paste. Die wird separat in etwas Ölivenöl erhitzt und dann dem Kaninchen untergejubelt. Noch 5 Minuten auf dem Herd, pronto!

INVOLTINI DI TACCHINO
Putenrouladen
8 PORTIONEN

Wer abkürzen möchte, nimmt eingelegte Artischocken aus dem Glas. Sonia setzt auf frische Exemplare, von denen sie die Herzen in Stücke teilt und diese bedeckt von Weißwein mit einem ordentlichen Schuss Öl und einer Prise Salz kocht. Sind sie weich, gibt der Pürerstab ihnen den Rest. Die Paste wird mit Ei und Parmesan zur Creme verrührt, die Sonia auf die Putenschnitzel streicht. Der Spinat wird von Stängeln befreit, blanchiert und ausgedrückt. Dann kommt eine kleine Portion in die Mitte jedes Schnitzels. Das Fleisch wird aufgerollt und mit dem Schinken umwickelt. In einer Ofenform dürfen die Röllchen mit dem Artischockensud bei 200 °C für ca. 40 Minuten garen. Ist der Schinken knackig angeröstet, sind sie reif für den Tisch.

4 Artischocken
200 ml Weißwein
Öl
Salz
1 Ei
100 g Parmesan
8 Putenschnitzel
200 g Blattspinat
8 Scheiben luftgetrockneter Schinken

CHICHÌ RIPIENI
Gefüllte Teigfladen
8–12 PORTIONEN

Der Name lässt es erahnen, *chichì* sind ein Kinderspiel. Tatsächlich war es das Stückchen Teig, was die Frauen beim wöchentlichen Brotbacken, den *raggazzi* überließen, um sie bei Laune zu halten. Wenn es nicht sofort verdrückt wurde, kam es plattgedrückt daher, wurde zur Belohnung gefüllt und mitgebacken. So entstand in Offida eine Art flache *focaccia*, der jedes Jahr ein Fest gewidmet wird.

Für den Teig:
15 g Hefe
100 ml Milch
60 ml Wasser
30 ml Olivenöl
10 g Zucker
350 g Mehl
1 Prise Salz

Für die Füllung:
400 g Thunfisch aus der Dose
300 g grüne Oliven ohne Kern
300 g eingelegtes Essiggemüse (Sott'aceto)
2 TL fein gehackte, glatte Petersilie
1 TL Kapern
2 Sardellenfilets
Olivenöl zum Bepinseln

Für den Teig werden alle Zutaten zu einer glatten Kugel verknetet. Die darf gut 2 Stunden unter einem Tuch ruhen. Ran an die Füllung! Der Thunfisch, die Oliven und das eingelegte Gemüse müssen gut abtropfen. Das Gemüse, die Oliven und die Kapern kommen unters Messer, um zu feinen Stückchen gehackt zu werden. Die Sardellenfilets werden ebenfalls zerkleinert und kommen dann mit allen anderen Zutaten für die Füllung in eine Schüssel und werden gründlich gemischt.

Ist der Teig gut aufgegangen, wird er in zwei gleichen Teilen ausgerollt. Auf einem Backblech, wird die erste Lage mit Füllung belegt, dann kommt die zweite Teigschicht obendrauf. Die Ränder gut zudrücken, dann den Deckel mit einer Gabel leicht anpieken und ölen. Etwa 30 Minuten braucht der gefüllte *chichì*, um sich bei 220 °C im Ofen zu entfalten. Schmeckt warm, wird aber vor allem kalt gesnackt.

POLLO CON LE CAROTE
Hähnchenfilet mit Karotten

4 PORTIONEN

Die Hähnchenbrust wird in mundgerechte Stücke gewürfelt. Mit einer Prise Salz und Olivenöl schwenken die Happen in einer heißen Pfanne. Die Karotten blubbern derweil als Julienne-Streifen für 2 bis 3 Minuten in kochendem Salzwasser. Sie müssen gut abtropfen, bevor sie sich in der Pfanne ans Huhn schmiegen. Herd aus und die Karottenhühner mit einer Marinade aus Zitronensaft, Zucker, Petersilie und Öl tränken! Nach Belieben salzen. Wer mag, garniert mit ein paar Bröseln aus der Pfeffermühle.

600 g Hähnchenbrust
Salz
Olivenöl
3 Karotten
1 EL Zitronensaft
1 Msp. Zucker
4 EL gehackte Petersilie
Pfeffer

FUNGHETTI DI OFFIDA
Anisgebäck

CA. 50 STÜCK

Mehl, Zucker und Anissamen in einer Schüssel vermengen. Esslöffelweise Wasser daruntermischen, bis ein geschmeidiger Teig entsteht, ohne dass er klebrig wird. Aus der großen Kugel werden jetzt etwa 2 Zentimeter große Kügelchen gerollt, die abgedeckt auf einem Brett 2 Tage lang trocknen.
Zum Backen müssen sie Abstand voneinander halten und werden großzügig auf einem Blech in runde Metallförmchen gelegt, während der Ofen schon mal auf 180 °C hochfährt. Einmal drin, schmilzt die Hitze den Zucker und formt den famosen Pilz. Der ist warm champignonweich und hat abgekühlt eine schöne Kruste.

350 g Mehl
300 g Zucker
1 EL Anissamen

CREMINI
Frittierte Puddingwürfel
4–6 PORTIONEN

Ah, eine Süßspeise! –
Denkste! *Cremini* werden
in Ascoli seit dem Mittelalter zum *gran fritto misto*
gereicht, begleitet also
allerlei frittiertes Gemüse,
Lamm und die gefüllten
olive ascolane.
Besonders deren herben
Geschmack soll es abfe-
dern: einfach ein Würfel-
chen frittierte Creme im
Mund zergehen lassen.

Creme:
6 Eier
250 g Zucker
1 l Vollmilch
250 g Mehl
Zitronenschale
1 P. Vanillezucker
50 ml Anisetta

Panade:
Paniermehl
4 TL Mehl
1 Ei
1 l Erdnussöl zum Frittieren

In einer Edelstahlschüssel schlägt Sonia 6 Eier und den Zucker mit
einem Schneebesen schaumig. Die Milch macht sie laumwarm,
streut das Mehl über den Eischaum und rührt gleichmäßig weiter,
während sie die Milch in feinem Strahl dazugießt. Nachdem auch
geriebene Zitronenschale, Vanillezucker und Anisetta mit der Masse verquirlt sind, stellt sie ihre Edelstahlschüssel auf den Gasherd
und erhitzt die Creme, bis sie schön zähflüssig ist. Warm befördert
Sonia den Pudding in eine flache eckige Form, so dass er den
Boden etwa 1,5 Zentimeter hoch bedeckt. Die Köchin lässt ihre
crema mindestens 4 Stunden abkühlen, am liebsten sogar über
Nacht. Die Masse muss schön fest sein, wenn Sonia sie mit einem
langen Messer in Würfel schneidet.
Vorher bereitet sie Paniermehl, Mehl und das verquirlte Ei in
kleinen Schüsseln vor. Die Cremeschnittchen werden erst in Mehl,
dann in Ei und zuletzt im Paniermehl gewälzt, bevor sie im Topf mit
dem heißen Frittierfett landen. Goldgelb gebacken angelt Sonia sie
mit einem Schaumlöffel heraus, lässt sie auf Maispapier abtropfen
und serviert die ersten Happen lauwarm.

LATTAIOLO IN PASTA MATTA
Milchcremekuchen

8–12 STÜCKE

Der „Milchling" ist ein Puddingkuchen, eine echte Kindheitserinnerung aus Omas Küche.
Das Mehl wird nur mit Wasser zu einem geschmeidigen Teig verknetet. Langsam rantasten; zunächst mit 4 EL kaltem Wasser, dann Tröpfchen für Tröpfchen, bis der Klumpen nicht mehr klebt. Auf die Seite damit.

Die Milch wird mit der Hälfte des Zuckers und der Zimtstange langsam aufgekocht und kühlt anschließend in Ruhe ab. Der sehr dünn ausgerollte Teig kleidet eine gefettete Form (24 cm) aus, wird mit Backpapier bedeckt und dann mit Bohnen als Platzhalter blind gebacken. Bei 170 °C im Ofen ist er nach 20 Minuten knackig und noch lange nicht braun. Die 4 Eier, die 4 Eigelb und der restliche Zucker werden ordentlich verquirlt, bevor sich die abgeriebene Zitronenschale dazugesellt. Ist die Milch abgekühlt, kommt sie ohne Zimtstange ebenfalls dazu. Die flüssige Mischung wird in die vorgebackene Teigform gegossen und darf 2 Stunden lang im Ofen bei 120 °C durchstocken. Puderzuckern und warm servieren, denn länger kann kein Kind mehr warten.

200 g Mehl
500 g getrocknete Bohnen zum Blindbacken
1 l Milch
120 g Zucker
1 Zimtstange
4 Eier
4 Eigelb
abgeriebene Schale von 1 Zitrone
3 EL Puderzucker zum Bestäuben

PICONI ASCOLANI
Käsetaschen
CA. 20 STÜCK

In der Osterzeit sprießt dieses gehaltvolle Gebäck an allen Ecken der Region aus den Öfen. Dabei variieren nicht nur die Namen – *casciuni – cascioni – casciù* – sondern auch die Formen von Ort zu Ort: Quadrate, Halbmonde, Kuppeln usw.. Nicht zuletzt nehmen sich die Bäcker Alleingänge bei der Füllung heraus, mit eigener Käsemischung, mit extra geriebener Zitronenschale oder Limoncello. Hauptsache, das Gebäck schäumt im Ofen wie ein kleiner Vulkan!

Teig:
300 g Mehl
3 Eier
½ TL Olivenöl

Füllung:
80 g Pecorino secco
   (Hartkäse, gerieben)
70 g Brébis
   (Schaf-Frischkäse)
125 g Parmesan, gerieben
2–3 Eier
1 Eigelb zum Bestreichen

In den Mehlhaufen drückt Sonia mit der Faust eine Kuhle, in der sich Eier und Öl vereinigen. Nach und nach knetet sie das Mehl dazu und formt einen Teigballen, den sie für 2 Stunden in den Kühlschrank legt. Auch die Füllung muss ruhen, kann daher sofort angesetzt werden. Alle Füllungszutaten verrührt Sonia zu einer Creme und stellt auch diese kühl.

Den ausgeruhten Teig rollt sie sehr dünn aus und schneidet ihn in etwa 5 Zentimeter breite Streifen. Auf jedem zweiten Streifen verteilt sie in gleichmäßigen Abständen teelöffelweise die Füllung. Mit einem Teigrädchen teilt sie dann Quadrate ab, klappt jeweils einen Teigdeckel über die Füllung und drückt die Ränder fest zu. Die Päckchen werden oben eingeritzt, damit die Füllung im Ofen rausschäumen kann. Mit Eigelb glasiert, backt Sonia die *cascioni* bei 200 °C rund 25 Minuten.

Provinz Fermo

KEINER DUFTET FEINER

DOMENICO dreht den *biscotto* ganz vorsichtig in seinen kräftigen Händen. Der Bäcker ist regelrecht verliebt in das Produkt, das aussieht wie ein übergroßer *cantuccio* ohne Mandeln. Ein trockenes Klötzchen, gegen das jeder Zwieback lieblich wirkt. Man sagt das besser nicht laut. Der Keks ist sein ganzer Stolz, und wer reinbeißt wird merken, warum. „So ein *biscotto* war Luxus." Ganz selten hat er als Kind mal einen bekommen. Jetzt stapelt sich die Spezialität aus Castignano in seinem Laden. In großen, mittleren oder kleinen Plastiktüten sorgfältig mit bunten Schleifchen verschlossen lagern sie in den Regalen. Außerdem bietet er sie lose in Holzschütten an. Alles hier duftet nach Anis.

Nach grünem Anis! Das ist Domenico ganz wichtig. Das Pflänzchen, das auf den Äckern weiß blüht, könnte glatt für kümmerliche Schafgabe gehalten werden. Unscheinbar bedeckt es die steilen Hänge, die außer in den Marken vermutlich niemand beackern würde.

„Hier findest Du kein Stückchen Land, das nicht bewirtschaftet ist," sagt Moreno, der uns zu den Feldern führt. Für den *marchigiano* zählt jede nutzbare Krume. Kein Wunder, dass genau hier der grüne Anis vor kurzem wiederentdeckt wurde. Das Zeug macht Arbeit. Geerntet wird von Hand, damit den stecknadelkopf-winzigen Samen nichts passiert und zwar exakt dann, wenn sie beginnen sich nach einer Seite auszuwölben. „Wie der Bauch einer Schwangeren." Moreno dreht bewundernd ein Aniskörnchen zwischen den Fingern und hebt es wie eine Hostie ins Licht. „Das wirkt Wunder!" schwört er. Die Bauern haben Anis früher den Ackertieren gegen Blähungen gefüttert, schnell stellten sie fest, dass es auch ihren Frauen bei Unterleibsbeschwerden half. Die *pimpinella anisium* kann aber noch viel mehr und wird gegen Kopfschmerzen, Schluckauf, Übelkeit, Husten und alles mögliche eingesetzt.

Noch dazu wirkt das Körnchen auch in der Küche Wunder, weiß Anisbäuerin Anna. Es nimmt dem Schwein die Strenge. „*Arista all'anice* … kennt ihr nicht? Müsst ihr probieren." Ihr läuft schon beim Gedanken an den Sonntagsbraten das Wasser im Mund zusammen. Auf ihrem Hof hängt die Anisernte in großen Netzen zum Trocknen unterm Vordach der Scheune. Darunter wird gedroschen, ihre Mutter macht es wie früher: barfuß. „Dann fühlt sie sich geerdet und ist glücklich," erklärt Anna. Tatsächlich strahlt die alterskrumme Bauersfrau bei dieser Arbeit übers ganze Gesicht. Ab und zu hält sie inne und atmet tief ein. „Riecht ihr das? Ahhhhh!" Der Duft des grünen Anis hängt in der Luft. Seine Flüchtigkeit ist sein Erfolg. „Er ist nicht streng, piekst nicht im Hals," erklärt Moreno und verteilt die Samen. Sogar die Kinder beißen sich durch, wollen mehr. Der selbsternannte Anisbotschafter ist zufrieden. „Die Sanftheit lässt selbst die nochmal zugreifen, die sonst nicht so auf den lakritzigen Geschmack stehen!" Das macht sich auch als Schnäpschen ganz erfolgreich. *Anistetta* wird in ganz Italien gern im *caffè* verrührt. Aber nur hier gibt es die grüne. Das erste Kaffeehaus am Platze in Ascoli Piceno soll mit exotischem Sternanis experimentiert haben. „Jetzt nicht mehr," strahlt Moreno „sie kaufen wieder bei den Bauern in der Region!"

Gut möglich, dass Domenico seine kräftigen Finger im Spiel hatte. Der Anisbäcker hat seinen Freund, den Apotheker aus Ascoli zum Destillieren des grünen Alleskönners überredet. Die Apotheke ist seit Jahrhunderten eine Institution. „Er hat ein ganz altes Rezept. Orange ist auch drin, mehr verrate ich aber nicht," flüstert uns der Bäcker zu. In der Garage des Apothekers hat das Duo sein Experiment aufgebaut und gewartet. War's aufregend? „Nö, wir wussten ja, dass da was Feines rauskommt!" Domenico gibt sich gelassen. Aber die erste Flasche hat einen Ehrenplatz in seinem Laden. Feierlich holt er sie vom Tresen und hält sie gut fest. Die behandelt er noch vorsichtiger als seine Kekse.

TAGLIATELLE ALL'ANICE
Bandnudeln mit Anislikör

FÜR 4 PERSONEN

400 g Tagliatelle
  oder
  300 g Hartweizengrieß fein
  100 g Weizenmehl Type 405

Olivenöl
1 Knoblauchzehe, gehackt
1 mittelgroße Zwiebel
1 Karotte
300 g Rinderhack
Salz
1 Msp. Piment, gemahlen
50 cl Anislikör (Mistrà, Anisetta)
Pfeffer
geriebener Parmesan

Natürlich kann man Tagliatelle selbst herstellen, und mit ein wenig Routine macht es richtig Spaß. Mit etwas handwarmem Wasser werden Gries und Mehl sehr gründlich durchgeknetet, bis ein sehr fester, gummiartiger Teig entsteht. Nach 1 Stunde Ruhezeit wird der Teig geduldig dünn ausgewalzt. Eine Nudelmaschine garantiert gleichmäßige Ergebnisse, die man sich mit dem Nudelholz erst noch antrainieren muss. In schmale Streifen geschnitten pausieren die Nudeln. Sie können leicht eingemehlt vorsichtig zu Nestern aufgewickelt werden, über einer Holzstange hängen oder auf Backpapier nebeneinander liegen.

Das *ragù bianco* soll nicht allzu blass sein, daher werden Knoblauch, sehr fein gewürfelte Zwiebel und die fein geriebene und noch feiner gehackte Karotte zusammen in Olivenöl angedünstet, bevor sich das Hackfleisch dazugesellt. Salz, eine großzügige Prise Piment und ein erster Schuss Anislikör sorgen für würzigen Duft, sobald das Fleisch etwas angebraten ist.
Die Vorbereitung des ragù braucht etwa so lange wie trockene Tagliatelle garen. Die frischen Nudeln sind schneller, sie werden erst aufgesetzt, wenn das *ragù* soweit komplett ist.
Die bissfest gegarten Tagliatelle gesellen sich zum *ragù* in die Pfanne. Jetzt wird's heiß, denn es muss ja einen Grund geben, mit dem restlichen *Mistrà* zu löschen. Nicht anbraten, nur gerade eben die Flüssigkeit aufsaugen lassen! Die Tagliatelle werden frisch gepfeffert. Dann können sie mit geriebenem Parmesan serviert werden.
Das Küchenpersonal hat den *digestivo* schon inhaliert!

ARISTA ALL'ANICE
Schweinerücken mit Anis

4 PORTIONEN

3 EL Kastanienhonig
1 EL Weißweinessig
5 g Anissamen
4 Schweinerückensteaks
Salz
weißer Pfeffer
Olivenöl
125 ml Rotwein

Honig, Weinessig und fast alle Anissamen werden zu einer dickflüssigen Vinaigrette verquirlt. Die Steaks salzen, pfeffern und in Olivenöl für etwa 3 Minuten knackig anbraten. Die übrigen Anissamen drüberstreuseln und in der Pfanne das Rotweinbad anrichten. Darin suhlt sich das Schwein bei mittlerer Hitze, bis der Rotwein sämig eingedampft ist. Die Honigvinaigrette glasiert die Steaks auf dem Teller.

Cupra Marittima

ARANCE ARROSTITE
Ofenorangen
4 PORTIONEN

2 unbehandelte Orangen
1 EL Petersilie, fein gehackt
1 Knoblauchzehe
2 EL Semmelbrösel
Salz
Pfeffer
1 EL Olivenöl

Zwei schöne Orangen ergeben gründlich ausgehöhlt vier halbkugelförmige Schalen. Das Weiße aus dem Inneren der Orangen braucht keiner. Das zerstückelte Fruchtfleisch samt Saft mischen wir mit der Petersilie, der gepressten Knoblauchzehe und Semmelbrösel zu einer flockigen Masse.

Mit Salz und Pfeffer abgeschmeckt kommt die Füllung zurück in ihre Schalen, ein langer feiner Strahl Olivenöl adelt das Quartett bevor es im vorgeheizten Ofen (200 °C) oben goldbraun und innen saftig gegart wird. Das braucht maximal 15 Minuten.

CARDI GRATINATI
Überbackene Karden

FÜR 4 PERSONEN

1 Zitrone

1 kg Karden

2 EL Paniermehl

Butter zum Fetten der Form

40 g geriebener Parmesan

Béchamelsauce:

25 g Butter

1 EL Mehl

250 ml Milch

Salz, Pfeffer

Muskatnuss

Karden ärgern sich sofort schwarz, wenn man ihnen zu Leibe rückt. Deshalb wird als erstes die Zitrone gepresst und ihr Saft mit reichlich Wasser in eine Schüssel gegeben. Es empfiehlt sich sogar, die Hände mit etwas Zitronensaft abzureiben, bevor es an die Arbeit geht. Stück für Stück werden die Blattstiele der Artischockenpflanze gewaschen und geputzt: sie werden wie Rhabarber von Fäden befreit. Blätter und Enden kommen ab, bevor die Stängel in etwa 20 Zentimeter lange Stücke geschnitten werden. Diese gehen sofort im Zitronenwasser baden und bleiben dort, bis in einem großen Topf das Salzwasser kocht, in dem sie etwa 15 Minuten garen.

Zeit, die *besciamella* zu kochen. Dazu wird die Butter in einem Topf bei mittlerer Hitze geschmolzen, dann mit dem Mehl verrührt und weiter erhitzt. Bevor das Mehl karamellisiert, wird mit der Milch gelöscht. Rühren!!! Salz, Pfeffer und einen ordentlichen Abrieb Muskatnuss untermischen. Auf die Seite stellen.

Sind die Karden gar? Die Stiele sollten noch schnittfest sein. Die erste Lage landet in einer gefetteten und mit Paniermehl ausgepuderten Auflaufform. Es folgt eine Schicht mit Béchamelsauce und Paniermehl, wieder Karden, wieder *besciamella* und dann zur Krönung der geriebene Parmesan. So wandert die Komposition in den Ofen und gart 30 Minuten bei 180 °C.

FRECANDÒ

Gemüseeintopf

4 PORTIONEN

Alles Gemüse putzen und in Würfel schneiden.
Als Erste wird die grob gehackte Zwiebel in einer
ordentlichen Pfütze Öl angebraten, dann versammelt
sich das Gemüse in der Pfanne, es wird gesalzen und
gedeckelt. Früher hätte man so ein Gericht
1 Stunde sanft köcheln lassen. Wer sein Gemüse
noch wiedererkennen will, nimmt es nach 20 Minuten vom Feuer. Bevor es anbrennt, gießt man bei
Bedarf etwas Wasser nach.

1 Zwiebel
3 Kartoffeln
3 Tomaten
1 Paprika
1 Aubergine
2 Zucchini
Olivenöl
Salz

MELANZANA IN PORCHETTA
Auberginen mit wildem Fenchel

4–6 PORTIONEN

1–2 Auberginen
grobes Meersalz
2 Knoblauchzehen
Fenchelkraut
Olivenöl
100 ml Weißwein
8 Cocktailtomaten
Salz, Pfeffer

Die Enden der Auberginen stören, ab damit! Dann längs schöne Scheiben von 5 mm Stärke schneiden. Als Appetithappen eine Scheibe pro Person, als Beilage nach Bedarf entsprechend mehr.

Mit grobem Salz bestreut bleiben die Auberginenscheiben 2 Stunden lang in der Warteschleife, so geben sie etwas Saft ab.

Danach werden der zerstoßene Knoblauch und der Fenchelzweig in einer großen Pfanne in Öl angedünstet. Der Knoblauch muss die Pfanne verlassen, wenn die von Saft und Salz befreiten Auberginenlappen sich im aromatischen Öl suhlen und dann sanft mit dem Weißwein abgelöscht werden. In Viertelchen geschnitten kommen die Tomaten hinzu und alles Gemüse köchelt zusammen nur so lange, wie es dabei auch noch die Form behält. Mit Salz und Pfeffer in Balance gebracht werden die Auberginen schön warm serviert.

FINOCCHIO ALLA MARCHIGIANA
Geschmorter Fenchel
BEILAGE FÜR 4 PERSONEN

1 Fenchelknolle
150 ml Gemüsebrühe
50 g Butter
1 Zwiebel
1 Bund glatte Petersilie
8 Cocktailtomaten
Salz
Pfeffer

Der Fenchel wird längs geviertelt. Während die Schnitzen etwa 5 Minuten im kochenden Wassser aushalten, wird die Brühe warm gemacht und die Butter in einem extra Topf geschmolzen. Zur flüssigen Butter gesellen sich dann die Zwiebel in dünnen Ringen und gut 2 EL fein gehackte Petersilie. Alles auf kleiner Flamme ziehen lassen. Die Fenchelstücke wandern jetzt gut abgetropft in eine Pfanne. Die Tomaten in Vierteln mit der Petersilienbutter und der Brühe über dem Fenchel verteilen. Salzen, pfeffern und nochmal 10 Minuten auf dem Herd bei mittlerer Flamme schmoren lassen. Pronto!

Ripatransone

NICHT MEHR MEIN MEER

TOLLER Fang. *„Canocchie! Canocchie! Ragazzi, canocchie!"* Immer wieder preist Giorgias Nachbar lautstark an, was die Fischer heute aus dem Meer gezogen haben. Die Fischverkäuferin steht an ihrem kleinen Stand im Hafen von Pesaro und schüttelt lachend den Kopf. Dabei ist das hier gar nicht lustig. Bergeweise liegen die Heuschreckenkrebse auch in ihrer Auslage. Leo, ihr Mann, hat noch mehr an Bord. Gerade kommt er wieder mit drei Kisten. „War's das?" Der Fischer stöhnt und grummelt ein *„no!"* Diese Hitze! Diese Viecher! Wo kommen die nur alle her?

Heute hatte Giorgia fest mit Seezungen gerechnet. Es ist ein strahlend blauer Sommertag. Der soundsovielte in diesem Jahr, in dem selbst Mittelitaliener Temperaturen über sich ergehen lassen, um die sie die Sizilianer nie beneidet haben. Kein Tropfen Regen seit Monaten, kein Hauch Wind, nicht mal auf dem Meer.

„Verrückt!" findet die Fischhändlerin. „Das Wetter, das Meer, die Fische – alles spielt total verrückt." Giorgia sieht nicht aus, als ob sie viel erschüttern kann. Die wild hochgesteckten Haare sind so fahl wie die *canocchie* vom Meeresgrund. Wasserstoffperoxid hat auf ihrem Schopf blendende Vorarbeit geleistet, die Sonne erledigt den Rest. Zur weißen Plastikschürze trägt die fröhliche Frau blaue Hotpants mit knallgelber Borte und passend leuchtende Flip Flops. „Das Meer ist total ruhig seit Wochen. Wieso *canocchie*?" Die Schalentiere fängt man nur bei rauer See. Sie weiß das, denn sie ist schon lange im Geschäft. Es hätte Seezungen geben müssen, jetzt im August. Viele.

„Canocchie, ragazzi, canocchie!" tönt es wieder über den Quai. Giorgia nimmt einen der handlangen weißen Krebse hoch und beäugt ihn mitleidig. Komische Typen, diese blassen Verwandten von Krabben und Garnelen. Feinschmecker schwören auf ihren Hummergeschmack. *Va bene …* ist nur nix dran, und das bisschen Krebsfleisch verwandelt sich auch noch schlagartig in eine flüssige Masse, sobald die *canocchia* ihr Leben lässt.

Da ist ihr eine Seezunge viel lieber. Was man mit der alles machen kann! Giorgia kommt ins Schwärmen. Gekocht, in Mehl gewälzt und kurz gebraten oder mit Basilikum und diesen kleinen Datteltomaten. „Ahhh …"

Aber am allerliebsten ist ihr der Plattfisch als Arme-Leute-Gericht *„alla poverella"* in der Pfanne. Knoblauch, Öl, Petersilie, *vino,* fertig! Klingt gut. Wir nehmen die restlichen Seezungen. Wenige kleine Exemplare sind ihrem Mann ins Netz gegangen. Giorgia macht sie sauber und verpackt die Fische in extra viel Papier gegen diese Hitze. Sie legt ein paar *canocchie* dazu. Gratis. „Was machen wir damit?" *„Sugo!* Ihr müsst doch Pasta machen. Von den paar armen Seezungen wird doch keiner satt."

PASTA AL SUGO DI CANOCCHIA
Nudeln mit Heuschreckenkrebssugo

4 PORTIONEN

In einer hohen Pfanne werden die klassischen Sugozutaten ange-schwitzt: Knoblauch, fein gewürfelte Zwiebel, Karotte, Stangen-sellerie, Peperoncino. Dazu hat jeder so seine eigene Methode: Manche verwenden Karotte und Sellerie in großen Stücken und vernaschen sie, bevor der Sugo den Weg zum Tisch nimmt. Andere servieren die Stücke als Bonustrack, wieder andere würfeln, ha-cken oder pürieren die Karotten und eventuell auch den Sellerie, bevor die Pfanne ruft. Und Knoblauch kommt in ganzen Zehen, feinen Scheiben oder gepresst hinzu. Alles schon da gewesen.

Die Tomaten löschen das leicht glasige Gemüse und werden dann eine gemütliche Weile reduziert ohne anzusetzen – mindestens so lange, wie es braucht, die Nudeln gar zu bekommen.

Die *canocchie* warten nicht lange. Sie folgen den Tomaten unmit-telbar im Ganzen. Ab und zu bekommen sie vom Holzlöffel etwas Druck, um ihren Saft in den Sugo zu entlassen. Vorsichtig mit Salz abschmecken. Wer später versucht, seinem Krebsschwanz noch Fleisch zu entlocken, sollte bescheidene Erwartungen haben. Dekorativ sind sie dennoch.

Olivenöl
400 g Tomatenstücke
   aus der Dose
1 Knoblauchzehe
   oder 1 kleine Zwiebel
½ Karotte
1 Stange Sellerie
Peperoncino, gemahlen
4–6 Heuschreckenkrebse
Salz

400 g Spaghetti, Spaghettini,
   Tagliolini o.Ä.

Wenn Giorgia die *cannochie* nicht direkt in der Tomatensauce auskocht, macht sie aus ihnen einen Sugo pur. Dazu kocht sie die Kerbtiere zwei Minuten in wenig Wasser aus, lässt sie kurz abküh-len und nimmt das Fleisch heraus. In einer Pfanne brät sie den gepressten Knoblauch und die Petersilie einen Moment lang in Öl an, bevor sofort das Fleisch mit etwas restlichen Kochwasser dazu kommt. Den Sugo lässt Giorgia noch maximal 10 Minuten bei schwacher Flamme köcheln und dann ab damit über Spaghetti oder Linguine.

10 Heuschreckenkrebse
1 Knoblauchzehe
2 EL gehackte Petersilie
3 EL Olivenöl
1 Glas Wasser

SOGLIOLE INFARINATE

Gemehlte Seezungen

4 PORTIONEN

4 Seezungenfilets
Butter
2 EL Weizenmehl
1 Msp. Salz

Der mühsamste Schritt ist, die Seezungenfilets freizulegen, aber das übernehmen Fischhändler wie Giorgia für uns.

Der Rest ist im Handumdrehen erledigt. Während in der Pfanne ein Stich Butter zerlassen wird, wendet Giorgia die Filets in einer Mehl-Salz-Mischung auf einem flachen Teller.

Auf jeder Seite braten die Filets dann gerade so lange, bis die Hülle blassgolden und leicht kross ist, also auf jeder Seite nur ganz wenige Minuten.

SOGLIOLE ALLA POVERELLA
Arme Seezungen
4 PORTIONEN

Finden die ausgenommenen, gehäuteten Seezungen ohne Kopf
in der Pfanne nebeneinander Platz?

Die arme Köchin bereitet den Seezungen ein warmes aromatisches
Bad, indem sie in der Pfanne einen Schuss Olivenöl mit den längs
halbierten Knoblauchzehen aromatisiert. Die gehackte Petersilie,
eine Prise Salz und den Weißwein fügt sie hinzu, bevor der Knoblauch anzubrennen droht. Darin liegen die Fische auf jeder Seite
ein paar Minuten, bis sie eben durchgegart sind.

Mit Sud kommen sie auf den Teller. Etwas Brot wird sich schon
noch finden, um den Teller wieder trocken zu wischen …

Olivenöl
2–3 Knoblauchzehen
1 EL Petersilie, gehackt
Salz
100 ml Weißwein
4 Seezungenfilets
  ohne Haut

Monti Sibillini, Provinz Ascoli Piceno

SCHWEIN IM GLÜCK

ANDREA Fioretti steht hinter dem historischen Stadttor von Tolentino. Er lächelt freundlich und grüßt leise. Eindeutig schüchtern, der Mann. Der sanftmütige Blick täuscht beinahe über die vorsichtige Neugier des Mittvierzigers hinweg. Jeans, T-Shirt, Turnschuhe. Unauffällig. Nichts, wirklich gar nichts lässt auf sein Hobby schließen: Metzgern! Einfach so aus Spaß. Häkeln, Stricken, Klöppeln, Modellbau – hätten wir ihm alles locker zugetraut, aber Schweine zerlegen, grobe Teile durch den Fleischwolf jagen und die fertige Masse zu Würsten verarbeiten, einfach so aus Leidenschaft?

Wir glauben das nur, weil Andrea stolz das Ergebnis präsentiert. Eine streichzarte Salami, die so nur aus den Marken stammen kann. *„Ciaùscolo!"*, sagt der Freizeitfleischer und versichert lachend: „Damit werden *marchigiani* groß." Vermutlich wird sie gleich nach der Muttermilch gereicht, es braucht wirklich keine Zähne für diese Wurst. Auch hat sie – typisch Marken – viele Namensvarianten: *Ciaùscolo, ciavuscolo, ciaiuscolo* oder *ciabuscolo,* was der ursprünglichen Bedeutung *„piccolo cibo"*, kleine Mahlzeit, am nächsten kommt.

Die Streichsalami ist aus der Not geboren. Was der Großgrundbesitzer seinen Bauern vom Schwein übrig ließ, waren die leicht verderblichen Teile. Die einzige Möglichkeit, die Fleischreste für eine Weile haltbar zu machen, war, sie zu einer gesalzenen Wurst zu verarbeiten. Für eine echte Salami hat es nicht gereicht, dazu fehlte den armen Bauern der Speck. Genau um den haben seine Schweine Andrea auch betrogen. „Denen geht's zu gut!"

Wie, der Mensch, der da in einem schick umgebauten *„alimentari"* steht, hat Schweine? *„Sì*, ich will doch metzgern." Wollte Andrea immer schon. Aber als Krämerssohn hat er erstmal den klassischen kleinen Supermarkt seiner Eltern übernommen. Seine Schweine hat er jetzt bei Marco.

Marco ist jünger als Andrea, tatöwiert wie ein italienischer Profikicker, aber Landwirt von Beruf. Er ist auf einem Hof mit Schafen in den Bergen hinter Tolentino aufgewachsen. Da der fröhliche Youngster ebenfalls eine *passione* fürs Fleischern hat, züchtet er seit kurzem glückliche Schweine. Für rosige Duroc hat Marco sich entschieden.19 Prachtexemplare stehen auf der Wiese und kommen sofort angerannt, als sie ihn hören. „Die sind wie Hunde." Und ungefähr genauso verwöhnt vom Herrchen. Marco geht in die Hocke und krault das eine oder andere Schwein an der Schnauze. Dann verteilt er Äpfel. Die gibt's als Snack am Nachmittag. Es könnten auch Birnen sein, oder was sonst gerade reif ist. Außerdem gibt's für die Tiere morgens und abends ein Kraftmüsli aus Malz und Mais, dazu Nüsse, die gerade frisch vom Baum direkt ins Gehege plumpsen. Ein Schweineparadies mit Naturpool, den Marco im Sommer täglich gefüllt hat. „*Madonna*, hatten die einen Spaß!" Der Jungbauer strahlt, als hätte er mitgeplanscht. Für seine Schätzchen hat er schon eine Erweiterungsfläche unter den Oliven nebenan klar gemacht. Schließlich warten im Stall noch zehn schüchterne Frischlinge auf Auslauf. Bei Marco dürfen sie rennen. „Sag ich doch," meldet sich Andrea, der sich den Tieren zögerlich nähert, „denen geht es zu gut. So gut, dass sie überhaupt kein Fett ansetzen." Marco schmunzelt: „Stimmt, Salami kannste wieder vergessen."

Das laute Lachen verschreckt die Ferkel. Sofort redet der Schweinefreund liebevoll auf die Kleinen ein. Wie kann einer, der so vernarrt in seine Tiere ist, sie zum Schlachten bringen? „Na ja, ich will doch essen, da muss das wohl sein!" Er grinst. „Für *spaghetti con le noci* bleibt ja nichts übrig, die Schweine sind immer schneller als ich unterm Nussbaum." Also lautet der Deal: Nüsse für euch, Braten für mich. Ein paar Mandeln für *maiale con le mandorle* bekommt er sicher bei Andrea im Laden.

Der Krämer hat vor kurzem Waschmittel und Krimskrams verbannt, die Regale rausgeschmissen und gegen kleine Tische ausgetauscht. Jetzt gibt es nur noch Obst, Gemüse, Nüsse, Maronen, Wein, eingelegte Köstlichkeiten und eine Frischtheke mit Käse, Schinken, Mortadella, Salami und seinem *ciaùscolo*. Den muss Andrea offiziell als „*salame morbido*" betiteln, seit die Lebensmittelbehörde das Grundnahrungsmittel der *marchigiani* DOP-qualifiziert hat. „Ist trotzdem *ciaùscolo*." Sagt's und setzt dieses tiefe sanfte Lächeln auf. Vorsicht, der Mann kann metzgern, und wie!

SPAGHETTI CON LE NOCI
Spaghetti mit Walnussugo
FÜR 4 PERSONEN

2 Knoblauchzehen
Olivenöl
24 Walnusskerne (125 g)
4–6 Stängel glatte Petersilie
1 EL Semmelbrösel
100 g Ricotta
Salz
2 EL Anislikör
320 g Spaghetti
Pfeffer

Gelingt es Marco doch, seinen Schweinen einige Walnüsse wegzuschnappen, kann er sie zur nächsten Mahlzeit knacken. Wenn Marco einen sensiblen Tag hat, häutet er die Walnusskerne. Dafür müssen sie in kochendem Wasser eingeweicht werden. Meistens aber wählt er die etwas markigere Variante des milden Gerichts und lässt die Kerne, wie sie sind.
Weil Marco weiß, wie einfach und schnell der Walnusssugo zubereitet ist, setzt er zuerst das Nudelwasser auf.

Gepresst oder gehackt wird der Knoblauch in einer großen Pfanne mit etwas heißem Olivenöl vergoldet. Nüsse und Petersilie verarbeitet Marco auch mit dem Messer zu Krümeln und lässt sie zusammen mit den Bröseln und der Ricotta sowie etwas Salz in der Pfanne warm werden. Mit ein paar Löffeln Nudelwasser und einem Schuss Anislikör hält er den Sugo sämig. Schließlich werden die bissfest gekochten Spaghetti in der Pfanne untergemischt und dann, gekrönt von etwas Pfeffer aus der Mühle, serviert.

Offiziell und traditionell eine Fastenspeise, sättigen diese Spaghetti ordentlich.

MAIALE CON LE MANDORLE
Mandelschwein

4 PORTIONEN

500 g Schweinefilet
200 ml milder Weißwein
12 Safranfäden
10 g Zucker
Olivenöl
1 Prise Zimtpulver
Schale von 1 Zitrone
6 Gewürznelken
Pfeffer
150 g blanchierte Mandeln
Salz

Wenigstens eine Dreiviertelstunde bevor Andrea zu Tisch bittet, schneidet er das Filet in etwa 3 cm dicke Scheiben und lässt die Stücke in dem Weißwein marinieren. Safran muss einweichen, um sein Aroma zu entfalten, deshalb darf er zusammen mit dem Zucker schon zur Marinade hinzu.

Nach 30 Minuten holt Andrea die Fleischstücke aus der Marinade und brät sie in einer großen heißen Pfanne mit ordentlich Olivenöl (4 EL) von allen Seiten kurz an. Dann füllt er mit der Weinmarinade auf und gibt die anderen Gewürze hinzu: Zimt, geriebene Zitronenschale, und die zerstoßenen Nelken. Weil Andrea das Fleisch saftig mag, lässt er es nur eine Weile in dem Sud bei kleiner Flamme weiter garen, nimmt dann die Filetstücke heraus, mahlt Pfeffer darüber und stellt sie beiseite. In die Pfanne gibt er die Mandeln und reduziert den Sud. Moderne Zeiten. Seine Großmutter hätte das Fleisch in der Pfanne gelassen und so lange sanft gegart, bis der Sud sämig wird. Bevor Andrea anrichtet, schmeckt er mit Salz und etwas Peffer ab und sorgt dafür, dass seine Filetstücke sich zwischen den Mandeln wieder aufwärmen.

Fermo, Piazza del Popolo

GEFLÜGELTE WEIHNACHT

KEIN Fest ohne Geflügel. Da ist der *marchigiano* auch nicht anders gestrickt als Weihnachtsbräuchler überall auf der Welt. Was dem Deutschen die Gans, dem Amerikaner der Truthahn, ist ihm der Kapaun. Schon seit dem Mittelalter gehört der kastrierte Masthahn zu den Wonnen der winterlichen Festtage. Sein Fleisch ist besonders mild, weiß und fett. Genau das Richtige also, um sich zu stärken für die langen kalten Nächte. Die vertreiben sich die Mittelitaliener seit jeher plaudernd und futternd vorm Kamin. Zieht dabei der Duft von *cappone ripieno* durch die Küche, steht das Christkind vor der Tür. Das besondere Hähnchen könnte klassisch *arrosto* daher kommen, aber es hat eine Extrawurst verdient. Deshalb wird es aufwändig gefüllt. Womit der Koch es beschenkt, scheint seiner Phantasie überlassen zu sein. Es gibt sehr, sehr viele Arten den Vogel zu stopfen, Hauptsache er hat den Bauch voll. So kommen wahlweise getrocknete Früchte oder frisches Obst, Nüsse, Pistazien oder Kastanien zum Einsatz. Mal wird die Stopfmasse mit Käse verfeinert, mal mit Milch gestreckt, mal mit Wein, mal mit Marsala. Manche übergießen den Kapaun im Ofen mit Brühe. Piero nicht. „Niemals!" sagt der Hobbykoch im Brustton der Überzeugung und schiebt sich eine getrocknete Feige in den Mund. Warum nicht? Der alte Mann kaut genüßlich, schluckt und erklärt feierlich. „Die Brühe habe ich vorher schon gegessen – mit *cappelletti*."

CAPPELLETTI IN BRODO DI CAPPONE
Nudelhütchen in Kapaunbrühe

FÜR 6–8 PERSONEN

Die *cappelletti* werden eigentlich von der Nonna gemacht. Wer sonst hat heute noch die Geduld, die Mini-Tortellini zu wickeln? Wer sich ranwagen möchte, nimmt:

Für die Brühe:
Karkasse und Hals
    eines Kapaun
1 Selleriestange
1 Zwiebel
2 Karotten
1 kl. Bund Petersilie
Muskatnuss
Salz

Für die Pasta:
500 g Mehl
5 Eier
Salz

Für die Füllung:
350 g gemischtes Hack
Butter
1 Zwiebel
100 ml Weißwein
Schale von 1 Zitrone
Muskatnuss
100 g Parmesan, gerieben

Als erstes dürfen die Reste des Kapaun in 1,5 Liter Wasser mit dem Suppengemüse baden gehen. Während das in 1 Stunde eine kräftige Brühe ergibt, ist genug Zeit, sich an die *cappelletti* zu machen.

Aus dem Mehl, den Eiern und der Prise Salz einen glatten, nicht zu zähen Teig kneten. Der darf sich kurz ausruhen, während das Hackfleisch mit der sehr fein gehackten Zwiebel in etwas Butter gegart wird. Mit dem Wein ablöschen, Flüssigkeit einkochen lassen. Die Masse wird dann mit Muskatnuss und der geriebenen Zitronenschale gut durchgemischt und kühlt aus.
Den Teig sehr dünn ausrollen und in ewa 2 x 2 cm große Quadrate schneiden. Jedes Stückchen wird mit einen Klümpchen Füllung gekrönt, zum Dreieck überschlagen und an den spitzen Enden zusammengedrückt. Ist das geschafft, sollte der Kapaun sein Bestes gegeben haben. Die Brühe abgießen, mit Muskatnuss und Salz abschmecken und mit den *cappelletti* vereinen. Die werden in ca. 8 Minuten vorsichtig gar geköchelt, bevor sie endlich in der dampfenden goldenen Brühe die Festtafel zieren dürfen. Wer mag, streut sich Parmesan darüber.

IL CAPPONE
Kapaun

Fragt man, ob es schwierig ist, einen Kapaun zu entbeinen, antwortet der Metzger: „Wenn man es kann, ist es leicht!" Kopf und Füße kommen ab. Die Haut wird am Hals brustseitig eingeschlitzt, der Schlund herausgetrennt, die Sehnen rund ums Schlüsselbein getrennt, bis sich das Schlüsselbeinpaar herausziehen lässt. Dann wird das Fleisch vom Grat des Brustbeins gelöst, ohne die Haut zu verletzen. Die Schultergelenke müssen aufgetrennt werden. Jetzt kann man mit einem kleinen Messer den gesamten Brustkorb herauslösen, die Oberschenkelknochen von der Hüfte trennen und irgendwann hat man den Haut-Muskel-Balg samt Flügeln und Keulen in den Händen. Eine Prozedur für Mutige, Geduldige und erfahrene Chirurgen. Anders als bei einem Brathähnchen, das nach gut einem Monat den Schlachter trifft, sitzt das Fleisch fest auf den soliden Knochen, denn der Kapaun hat immerhin ein halbes Jahr lang nach Körnern gescharrt.

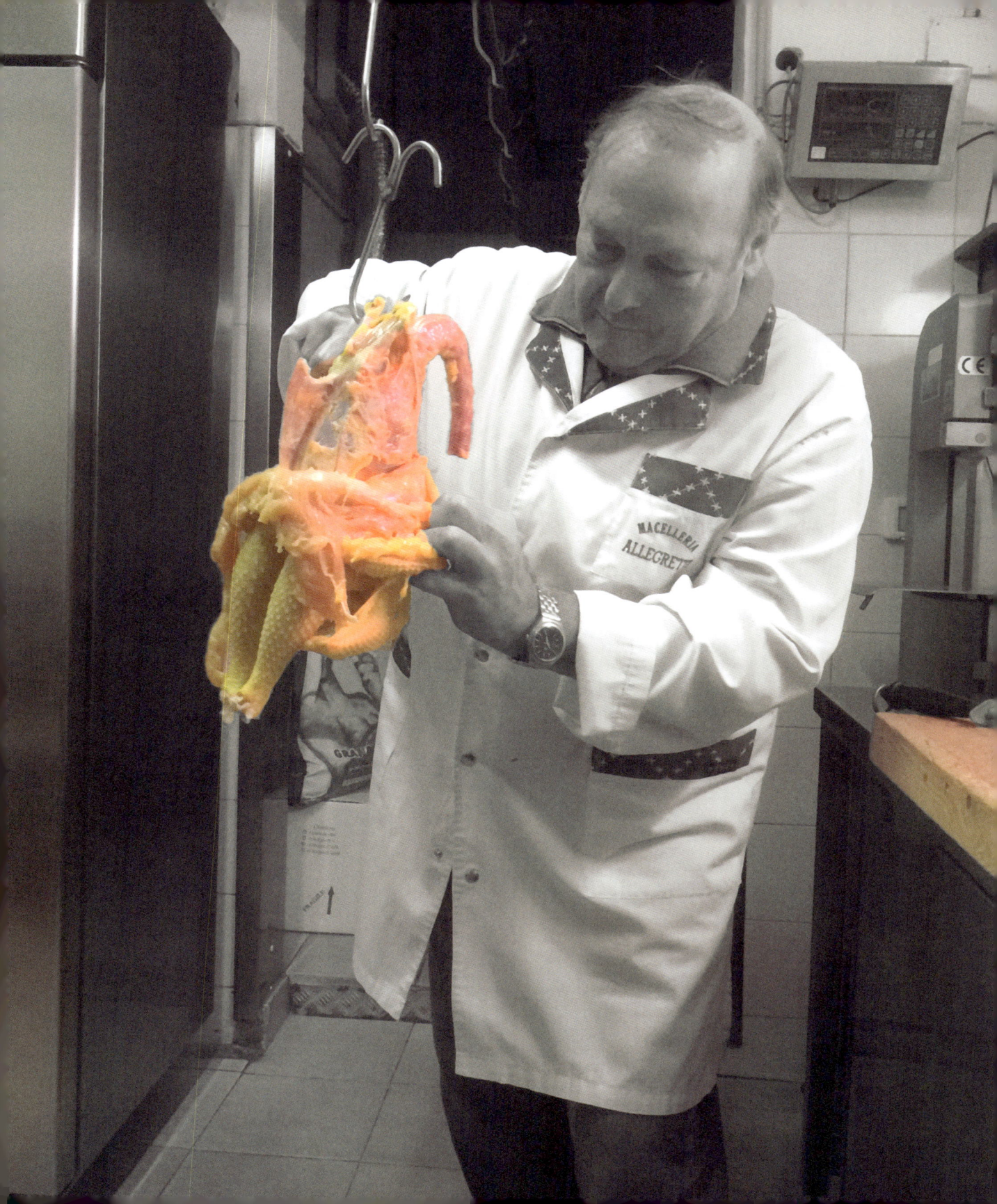

CAPPONE RIPIENO
Gefüllter Kapaun
FÜR 6–8 PERSONEN

200 g getrocknete Pflaumen ohne Stein
200 ml Marsala
Schale von 2 Orangen
500 g gemischtes Hack
2 EL Semmelbrösel
2 Blätter Salbei
1 kleiner Zweig Rosmarin
Salz, Pfeffer
Muskatnuss
Zimt
150 g Pistazienkerne
1 Apfel
1 Kapaun (2–2,5 kg), entbeint

Das Ambiente muss stimmen, deshalb kommen zuallererst die Pflaumen in Marsala auf den Herd. Sie werden langsam aufgewärmt, baden dann genüsslich im Sud und lassen ihren Duft durch die Küche ziehen. Die Orangenschale wandert gerieben oder in hauchdünne Streifen geschnitten zum Hackfleisch in eine Schale. Dazu gesellen sich die Semmelbrösel, die gehackten Kräuter (Salbeiblätter, Rosmarinnadeln), Salz, Pfeffer, ein ordentlicher Abrieb Muskatnuss, etwas Zimt, die Pistazienkerne, den in kleine Würfel geschnittenen Apfel und zum Schluss die abgetropften Pflaumen. Der Marsalasud kommt später noch zum Einsatz. Die Füllung gut durchmischen. Wer mag, kann die Leber kleingeschnitten dazugeben.

Der entbeinte Vogel wird von innen gesalzen, gepfeffert und mit der Füllung wieder in stattliche Form gebracht. Zunähen. In einer ofentauglichen Pfanne das Olivenöl erhitzen und den Prachtkerl rundum anbräunen. Jetzt mit dem restlichen Marsalasud übergießen und in Alufolie verpackt bei 200 °C ab in den Ofen! Der Kapaun sitzt nicht gern auf dem Trockenen, daher regelmäßig kontrollieren und bei Bedarf etwas Wasser nachgießen. Nacht gut zwei Stunden ist der Braten fertig!

CAVALLUCCI DI APIRO

Süße Pferdchen

CA. 24 STÜCK

Für die Füllung:
150 ml Traubensirup
   (Mosto cotto)
100 g Walnusskerne
100 g Mandeln
100 g getrocknete Feigen
50 g Sultaninen
Orangenzeste, gerieben
1 doppelter Espresso
100 g Zucker
50 g Paniermehl

Für den Teig:
500 g Mehl
100 ml Weißwein
100 ml Olivenöl
100 g Zucker
1 P. Vanillezucker
½ P. Backpulver
Puderzucker zum Bestäuben

Alle Zutaten für die Füllung werden zerkleinert, gemischt und über Nacht zum Durchziehen an einen sicheren Ort gebracht.

Tags drauf machen wir einen festlichen Mürbeteig: In den Mehlvulkan schütten wir Wein, Öl, Zucker, Vanille und das Backpulver, kneten mit den Händen kräftig durch, was etwa 10 Minuten Fleiß bedeutet. Das Nudelholz macht eine wenige Millimeter dünne Platte aus dem Teig, aus dem dann 6 x 8 cm große Rechtecke zu schneiden sind.

Auf jedes Rechteck kommt ein Löffelchen Füllung. Dann werden die Pferdbäuche längs von oben und unten geschlossen, dabei mit der glatten Seite nach oben gewendet, wobei sie sich leicht mondförmig biegen. Schließlich werden an den Schmalenden mit deutlichem Druck der Gabelzinke die Pferdebeine angedeutet.

Im Ofen brauchen die Pferdchen 25 Minuten bei 180 °C. Mit Puderzucker bestäubt treten sie ihr Rennen in die gierigen Münder an.

Fermo, Corso Cefalonia

Montefiore dell'Aso

DER PASTAZAUBER

DIE perfekte Nudelmaschine hat 160 Jahre auf dem Buckel. Auf zwei Buckeln, um genau zu sein: Iole (86) und Pietra (74) herrschen seit Ewigkeiten in Villagrande über das Nudelholz. Privat sowieso und beruflich immer noch im *,Piccolo Mondo'*. Klein ist in diesem Familienbetrieb nur der Name, gekocht wird im großen Stil. An diesem Wochenende stehen drei Hochzeiten und eine Firmenfeier an. Macht allein Nudeln für rund 800 Personen.

„Pronti?" Wenn wir soweit wären, könnten die Pasta-Profis loslegen. Das würden sie auch gerne, man sieht es ihnen an. Kräftige Hände und eine amtliche Unterarmmuskulatur zucken schon, wollen Mehlmengen, Eier und den bereits passierten Spinat so lange rühren, kneten, mal kräftig schlagen und mal sanft klopfen, bis daraus ein angenehm dehnbarer Angnolottiteig entstanden ist. Lange brauchen Iole und Pietra dafür nicht. Auch nicht fürs Ausrollen, Ausstechen, Einpinseln mit Ei, Füllung auftragen und Zudrücken der grünen Teigtaschen. Macht die eine diesen Handgriff, hat die andere den nächsten schon parat. Die beiden alten Damen arbeiten zügig und ziemlich lautlos. Ab und zu schauen sie sich an, als müssten sie gleich wie die Teenies kichern. Aber sie beherrschen sich, der Padrone ist in der Nähe. Nur ein Ritual, keine wahre Furcht. Was soll schon passieren. Ihr Job ist unantastbar, sicherer als das Amen in der Kirche. „Wenn die beiden nicht da sind, gibt es keine gescheite Pasta hier," sagt Anna. Die Chefin weiß genau, wie es in der Küche zugeht, wenn die zwei unter sich sind: „Die quatschen in einer Tour und streiten sich alle drei Minuten."

Streiten? Iole und Pietra nennen das *passatempo*, Zeitvertreib. Schließlich müssen sie mindestens drei Vormittage in der Woche Seite an Seite Pasta wie am Schnürchen produzieren. Über das „wie" herrscht Einigkeit. Keine maschinelle Hilfe! „Gute Pasta braucht Erfahrung und *passione*", sagt die Jüngere. Die Ältere ergänzt: „Nur die Hand schafft die optimale Oberfläche, der Sugo bleibt sonst nicht gut haften." Die Chefin nickt, so ist es. Sie hat es selber probiert und einfach nicht so gut hinbekommen wie ihre beiden Nudelhexen.

Zu deren Ausrüstung gehört tatsächlich ein Reisigbesen. „Der ist immer mit dabei!" Iole holt mit dem abgewetzten Exemplar aus und klopft ihn energisch in die linke Handfläche. Dieser Rest von einem Besen verteilt das Mehl perfekt, schafft auf dem Holzbrett den richtigen Untergrund zum Nudeln und macht hinterher wieder Ordnung. „Mein Vater hat ihn mir gemacht!" Ist lange her. Klopf, klopf … Damit ist die Alte zum Kern des Problems vorgedrungen: „Wer macht heute noch solche Besen?" Genau. Auf die Stirn der Chefin gräbt sich eine tiefe Sorgenfalte. Wer macht heute noch solche Pasta? Einige junge Leute haben sich an der Seite von Iole und Pietra versucht. Erfolglos. „Vergiss die Jugend," sagt die 86-Jährige. „Wir sind beide Uroma. Die jungen Leute haben einfach keine Zeit." Stress ist ein Pastakiller, noch dazu diese Handys. Wer die Finger den ganzen Tag über so ein Gerät flitzen lässt, hat doch kein ruhiges Händchen mehr, der spürt doch keinen Teig.

Der Jugend bleibt also nur die Pasta aus der Fabrik. „Um Himmels Willen!" Iole ist entsetzt, sie kommt ganz nah und flüstert: „Ich vertraue diesem Zeug nicht". Für ihren Nachwuchs gibt es nur *Nonna-Pasta*. *Tortellini* und *tagliatelle* mögen ihre Kinder, Enkel und Urenkel am liebsten. Die produzieren die zwei, wenn sie nicht in der Profi-Küche stehen. Apropos, wie lange wollen sie den Job noch machen? Was ist denn so mit Ruhestand, Rente? Iole und Pietra gucken sich an, zucken die Schultern. Die eine schweigt, die Ältere antwortet: „Könnte man machen in unserem Alter!" Nur, wozu sollte das gut sein? „Da fehlt doch was. *No, no, no!*" Sie zwinkern sich kurz zu. Dann wirbeln sie mit ihrem Reisigbesen ein bisschen Mehl auf. Klopf, klopf. Komisch, da ist plötzlich dieses Gefühl, dass diese Damen hier noch ewig zaubern werden.

PAMPINELLA

Lecker Brot

Die Zwiebeln in dicke Scheiben schneiden. Eine Stunde lang von Aceto Balsamico und Vin Cotto bedeckt köcheln. Sind die Zwiebeln fertig, das Brot mit Olivenöl und etwas Wasser beträufeln. Die Tomaten in kleine Würfel schneiden. Nachdem die Zwiebelringe auf den Broten gelandet sind, werden sie mit der Ruccola, einem ordentlichen Klecks Ricotta und den Tomatenwürfelchen überhäuft. Zum Schluss wird der Balsamico-Vincotto-Sirup kunstvoll über alles verteilt.

2 Zwiebeln
50 ml Aceto Balsamico
100 ml Vincotto
　(eingedickter Traubenmost)
8 kleine Scheiben Weißbrot
Olivenöl
6 Cherrytomaten
1 Bund Rucola
250 g Ricotta

AGNOLOTTI VERDI AL FUMÈ
Spinatteigtaschen mit Speck

4 PORTIONEN

Für die Pasta:
300 g Mehl
1 Ei
Salz
100 g frischer Spinat
1 Eigelb

Für die Füllung:
300 g Ricotta
1 Ei
100 g frischer Spinat
5 EL geriebener Parmesan
Muskatnuss
Salz

Für den Sugo:
200 g geräucherter Speck
200 ml ital. Küchensahne
    oder Crème Fraîche
Salz, Pfeffer
Parmesan, gerieben

Für die Pasta häuft Iole das Mehl auf und drückt eine Kuhle hinein. In die Vertiefung schlägt Pietra das Ei, verrührt es dort mit einer satten Prise Salz und wartet darauf, dass Iole ihr einen Teil des blanchierten und frisch pürierten Spinats reicht. Dann verknetet sie alles zu einem elastischen Teig. Der pausiert, wenn es an die Vorbereitung der Füllung geht.

Der zweite Teil des Spinats wird mit allen anderen Zutaten der Füllung in einer Schüssel gut verrührt.

Jetzt greifen die Damen zum Nudelholz und walzen den Teig sehr dünn aus. Dann sticht Pietra mit einem Glas Kreise aus, und während Iole die Reste einsammelt und für die nächste Runde durchknetet, pinselt sie Eigelb auf jedes Rund. Iole garniert sofort mit einem halben Esslöffel Füllung. Ist alles verteilt, werden die Kreise zu Halbmonden zusammengeklappt und an den Rändern mit den Fingern fest zugedrückt. Was nicht heute auf den Tisch kommt, wird eingefroren.

Der Sugo ist dran. Die Speckwürfel werden in einer Pfanne ausgelassen und liefern so das nötige Fett. Das ist die Zeit, in der die Pasta ins kochende Wasser gehört. Frische Agnolotti sind schon nach 5 Minuten gar. Dann erst kommen Crème Fraîche, Salz und Pfeffer zur Sauce, die sofort unter die Nudeln gemischt wird. Nochmal pfeffern und mit etwas Parmesan bestreut zu Tisch tragen.

RISO CON LE NOCI

Reissalat mit Nüssen

VORSPEISE FÜR 4 PERSONEN

200 g Risottoreis

Salz

20 g Walnusskerne

2 EL Petersilie

3 Frühlingszwiebeln

2 EL Weißweinessig

Olivenöl

Pfeffer

2 gekochte Eier

Der Reis wird kein Risotto und darf deshalb mal wie eine Nudel in reichlich kochendem Salzwasser sprudeln, bis er al dente gegart ist.

Inzwischen können Nüsse und Petersilie gehackt, die Frühlingszwiebeln in feine Ringe geschnitten werden. Ist der Reis soweit, wird er abgegossen und gut abgetropft. Dann wird er in einer Salatschüssel mit den vorbereiteten Zutaten vermischt, mit Essig und Öl, Salz und Pfeffer mariniert und zum Schluss mit den gekochten, geviertelten Eiern garniert.

INSALATA DI CAVOLFIORE

Blumenkohlsalat

4–6 PORTIONEN

1 Blumenkohl
Salz
30 g Kapern
Weißweinessig
100 g dunkle Oliven
Olivenöl

Weil er dann gleichmäßiger gart, wird der Blumenkohl schon vorher in einheitlich große Röschen zerteilt. Höchstens 15 Minuten in Salzwassser gekocht, sollte er noch nicht zu weich sein. Wenn jetzt alle Zutaten in einer Schüssel zusammen finden, kann der blumige Salat noch warm genossen werden. Kinderleicht!

AGNELLO FRITTO
Frittierte Lammkoteletts
FÜR 4 PERSONEN

Ostern muss nicht vor der Tür stehen, um sich üppig panierte Lammkoteletts zu gönnen: mit den Knochen als Anfasser
werden die Stücke zweimal nacheinander in die verquirlten
Eier getaucht und in der Käse-Paniermehl-Mischung gewendet. Das Olivenöl gibt sein typisches Aroma hinzu, aber
die Temperatur sollte nicht zu hoch sein, damit das Fleisch
durchgaren kann und die Panade hübsch hellbraun kross
wird. Essbesteck bleibt liegen, die nicht panierten Knochen
sorgen dafür, dass die Finger fast sauber bleiben.

8 Lammkoteletts
2 Eier
20 g geriebener Parmesan
160 g Paniermehl
Salz
Pfeffer
Olivenöl zum Frittieren

VIETATO L ACCESSO
**PROPRIETÀ
PRIVATA**

Mombaroccio, Provinz Pesaro-Urbino

DIE VENUS VON PESARO

NONNA! Ich hab was. *Nonna*, hier!"
Das Mädchen macht keine große Welle. Ganz sachte gleitet die 13-Jährige durch das flache Wasser vor den felsigen Brechern, die den Strand vor dem offenen Meer schützen. Die Tauchermaske sitzt so fest wie der Dutt auf ihrem Kopf. Ab und an greift die junge Schwimmerin in den sandigen Boden. Dann taucht sie auf und ruft ihre Oma. Die steht knietief in der Adria, den Rücken gebeugt wie eine Feldarbeiterin und sucht überwasser durch eine goldumrandete Brille den Meeresboden ab. Ohne viel Sand aufzuwirbeln greift die Signora schnell zu, wenn sie fündig wird. *Vongole* machen sofort dicht. Kaum spüren die Venusmuscheln eine Bewegung, zack, zu! Nix mehr. Aber die *nonna* ist schneller.

Zwei kleine verräterische Löcher sucht sie auf dem Grund. Die gebräunte Dame kennt sich aus an diesem Strand südlich von Pesaro. Sie ist hier aufgewachsen, in den winzigen Häusern kurz vor der Stadt. „Dahinten, die vor dem großen gelben Hotel." Den Betonklotz gab es damals nicht, auch nicht den dahinter und den dahinter und den daneben. Es gab nur die paar Häuschen am Strand und die Bahnlinie, erzählt die fröhliche Seniorin. Ihr Name? „Marina!" Sie lacht: „Für meine Eltern war das ganz klar." Wie auch sonst sollte ein Paar seine Erstgeborene nennen, das aus Liebe jahrelang zwischen den italienischen Küsten hin und hergereist ist. Selten zwar, aber stetig. Die Schöne aus Ligurien und der verliebte *marchigiano* haben sich einmal im Jahr gesehen. „10 Jahre lang verlobt, das würden die jungen Leute heute gar nicht mehr aushalten." Marina schaut nach ihrer Enkelin und lächelt. „Nee, das könnte die Jugend nicht mehr." Ihre Eltern konnten das. Ein Paar, das bis ins hohe Alter händchenhaltend an diesem Strand langspazierte. Da haben sich zwei gefunden. Wie? „Die Familie meiner Mutter hat hier Ferien gemacht. 1946!" Marina sagt das, als wäre es so gewöhnlich wie Spaghetti Vongole zum Mittagessen. 1946? Natürlich, nach so einem Weltkrieg braucht man erst mal Urlaub an der Adria.

Den Sommerflirt stabilisierte das Paar schließlich durch Eheschließung und zog in das Häuschen am Strand. Das hatte weder Kühlschrank noch Bad, aber das Meer vor der Tür. „Geht euch waschen!" mit diesen Worten schickte die Mamma ihre Kinder vor dem Schlafengehen ins Wasser. „Das Meer duftete damals." Marina nimmt eine tiefe Brise. Sie hat die Augen geschlossen, aber der frische salzige Duft ist nur noch Erinnerung. *Il mare* ist auch nicht mehr das, was es mal war. „*Nonna* ich hab was!" Ach ja, und diese *vongole* … „Lauter kleine Dinger, mein Vater hat immer nur schöne große gesammelt", schwärmt Marina. „Alles leergefischt." Das Exemplar, das die Enkelin ihr entgegenstreckt, schafft es nicht durch ihre Kontrolle. „Die muss noch wachsen, *amore*. Wirf sie wieder rein."

Marina will auf keinen Fall Schuld sein am Ende der zartesten Venusmuschel aller Weltmeere. Die, auf die sie hier so stolz sind. *No no,* da kocht sie lieber was anderes aus der *Cucina ortomare*. Hauptsache, man verbindet Meer und Garten. „*Seppie* mit Erbsen," schlägt sie vor. Jetzt bekommt die Signora Appetit. Sie ruft ihre Enkelin. „Ich hab was!" „Was?" „Eine Idee! Komm schnell, wir müssen noch auf den Markt."

SEPPIE E PISELLI
Tintenfisch mit Erbsen

4 PORTIONEN

160 g Tintenfisch (Sepia)
3 EL Olivenöl
1 Zwiebel
1 Karotte
1 Stange Sellerie
2 Knoblauchzehen
150 ml Weißwein
300 ml passierte Tomaten
300 g frische (TK) Erbsen
Salz, Pfeffer
gehackte Petersilie

Den Tintenfisch häuten, vom „Knochen" befreien, säubern und in gleichmäßig gabelfreundliche Stücke schneiden, wenn man das nicht dem Fischhändler überlassen möchte.

Auf dem Herd braten im Olivenöl Zwiebel, Karotte und Sellerie in feinen Stückcken. Nach einigen Minuten wird der Knoblauch dazugepresst. Es folgen Tintenfisch und Wein. Ist diese Grundlage zur Hälfte eingekocht, wird sie mit der Tomatensauce bedeckt und bei mäßiger Hitze weiter geschmort. Nach ca. 20 Minuten kommen die Erbsen ins Spiel und kochen mit, bis sie leicht knackig gegart sind. Mit Salz und Pfeffer abschmecken und auf dem Teller mit Petersilie garnieren. Wird im Sommer auch gerne kalt serviert.

SPAGHETTI ALLE VONGOLE
Spaghetti mit Venusmuscheln
FÜR 4 PERSONEN

750 g Venusmuscheln
350 g Spaghetti
Olivenöl
1 Knoblauchzehe
Peperoncino, gemahlen
150 ml trockener Weißwein
etwas Petersilie
Salz

Den frischen Venusmuscheln gönnt Marina ein gründliches, wenigstens halbstündiges Bad in Leitungswasser. Sie schüttelt die Muscheln durch, offene Exemplare sortiert sie aus. So vermeidet sie, dass Sand und Schlick den Weg auf die Teller finden.

Die Spaghetti darf Marinas Enkelin aufsetzen, sie werden ganz normal bissfest gekocht.

Die Pfanne startet mit einem Schuss Öl, dem Knoblauch scheibchenweise und Peperoncino (Chili) auf dem Herd, sobald die Spaghetti abgegossen sind. Gerade wird der Knoblauch glasig, da lässt Marina die Muscheln in die Pfanne prasseln. Mit Wein abgelöscht und ab und zu gewendet brauchen die Muscheln nicht lange, um sich zu öffnen. Eben Zeit genug, die Petersilie zu hacken und noch vor den Spaghetti zu den Muscheln zu geben. Marina nimmt zum Wenden und Mischen eine große Holzgabel. Die Enkelin wartet schon am Tisch, nur muss die *nonna* noch schnell die Muscheln heraussortieren, die sich nicht geöffnet haben.
Kein Spaß: wer Parmesan auf dieses Nudelgericht gibt, wird von Marina sofort ins Meer geworfen.

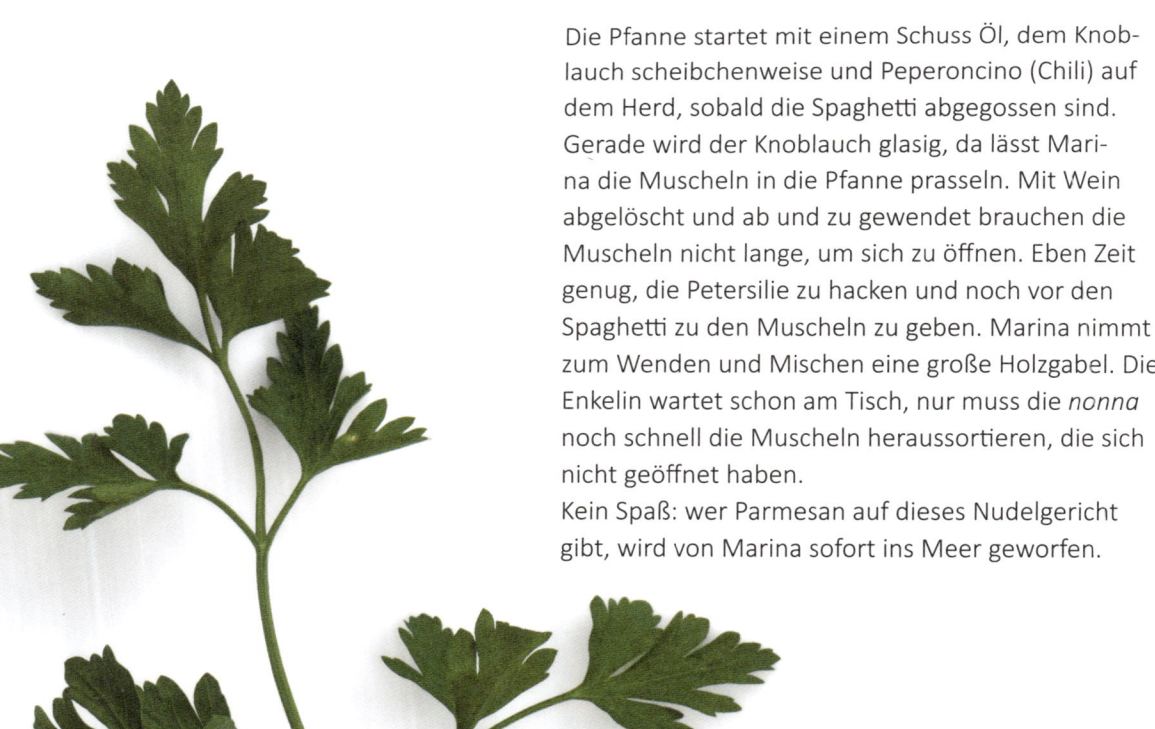

Mare Adriatico, Pesaro

ZUR SCHNECKE GEMACHT

SARA ist Lehrerin aus Leidenschaft. Da können die dreimonatigen Sommerferien in Italien ganz schön lang werden. Gut, dass die *maestra* außerdem leidenschaftlich gerne kocht. In der Hochsaison geht sie ihrem Bruder in seinem *ristorantino* zur Hand. Das vetreibt sehr gut die Zeit. Noch besser, wenn sie dort eine Lektion in der Küche geben kann. Morgens bereitet sie dort *crescie* vor. Die dünnen Fladen sind empfindlich und mögen es gar nicht, wenn die Küche zu heiß ist. Also muss die Lehrerin vor dem Koch da sein. Dann hat sie auch genug Platz, um ihre Nudelhölzer zu schwingen. Sara nutzt nicht diese Modelle mit Griff, sondern schlichte Rundhölzer zum Auswalzen des Teiges. Sie hat ein Langes und ein Kürzeres. Zum Einsatz kommen die Utensilien je nach Laune. Sara hebt beide kampfeslustig in die Luft. „Kommt immer ganz drauf an, wie nett der Mann so war…"

Die Frau tobt sich in der Küche aus, reagiert sich ab und kommt meistens lachend wieder raus. „Kochen ist die beste Therapie," sagt Sara. „Die Konzentration bindet Energie." Wer kocht, kann nicht groß streiten. Schon allein deshalb hat ihre Mutter alle vier Kinder von klein auf in der Küche eingespannt. Da konnten sie dann Teigrohlinge zur Schnecke machen. Die backfertigen Fladen braucht man in einem guten marchiganischen Haushalt nämlich fast wie täglich Brot.

Saras *crescie* gelten als die besten in ganz Mombaroccio und auch in den Orten auf den Hügeln rundherum soll es keine köstlicheren geben. „Da gibt es eigentlich nichts falsch zu machen," sagt die Bescheidene. „Doch, eine ganze Menge," widerspricht Kellnerin Gloria. Sie ist aus der Region und sozusagen mit *crescie* groß geworden. „Da gibt es sehr viel falsch zu machen. Die Dinger können zu dick sein, zu mehlig, zu pappig, zu schlapp, zu fad, ach…"

Saras *crescie* sind all das nicht. Ihre Fladen sind zart und knusprig, haben das Luftige aber nicht das Fettige von Blätterteig, schmecken heiß genauso gut wie abgekühlt und sind der perfekte Nährboden für den typischen *tagliere*. Die Platte mit diversen Schinken, Käse und gegrilltem Gemüse ist als Vorspeise gedacht, dient aber locker als ganze Mahlzeit. Vermutlich, weil man einfach nicht von diesen *crescie* lassen kann.

LENTICCHIE ALLE ERBE
Kräuterlinsen

4–6 PORTIONEN

Damit alles glatt geht, werden die Linsen geschmiert. Dazu etwas Olivenöl erhitzen und die Linsen darin schwenken, bevor sie einen Gemüsebrüheaufguss über sich ergehen lassen. Dem Sud werden Bohnenkraut und Lorbeer hinzugefügt, damit alles gemeinsam bei mittlerer Hitze zieht. Genug Zeit, um Karotte und Zwiebel sehr fein zu würfeln. Majoranblättchen und Rosmarinnadeln werden mit Salz ganz fein gehackt. Sind die Linsen bissfest gegart, abgießen und mit den übrigen Zutaten mischen. Jetzt kommen auch Tomatenmark, Wein und Pfeffer in den Topf. Die Mischung bekommt nochmal 5 Minuten bei schwacher Flamme auf dem Herd, damit sich alle Aromen vereinen können. Man riecht es schon - fertig!

300 g Berglinsen
Olivenöl
600 ml Gemüsebrühe
4 Stängel Bohnenkraut
1 Lorbeerblatt
1 Karotte
1 Zwiebel
4 Zweiglein Rosmarin
4 Stängel Majoran
Salz, Pfeffer
1 EL Tomatenmark
100 ml Weißwein

CRESCIA
Teigfladen

5–6 PORTIONEN

500 g Mehl
1 TL Salz
1 EL Olivenöl
250 ml Wasser
1 TL Schmalz

In einer Schüssel verknetet Sara Mehl, Salz, Öl und ca. 200 ml lauwarmes Wasser. Gute 10 Minuten sollte der Teig durchgewalkt werden. Ist Sara mit dem locker-gummiartigen Klumpen zufrieden, teilt sie ihn in 5 oder 6 Stücke. Die rollt sie mit dem Nudelholz hauchdünn aus. Die einzelnen Fladen bestreicht sie dünn mit Schmalz, rollt sie auf und kringelt sie dann zur Schnecke. Von dieser Tortur müssen sich die guten Stücke im Kühlschrank ausruhen, am besten die ganze Nacht. Sitzen die hungrigen Mäuler schon am Tisch, werden die Rohlinge mit dem Nudelholz auf etwa 3 mm plattgemacht und anschließend in der heißen gusseisernen Pfanne beidseitig gebacken, bis sie ein paar braune Blasen zeigen.

FUSILLI CON CAVOLO ROMANO
Fusilli mit Romanesco

4 PORTIONEN

400 g Fusilli o.ä. Pasta
1 Romanesco-Kohl
1–2 unbehandelte Zitronen
Olivenöl
Pfeffer
Salz
geriebener Parmesan
   oder Pecorino

Erst mal die Pasta in reichlich Wasser aufsetzen. Nach halber Kochzeit muss der Romanesco in Röschen zerlegt sein, denn die werden zusammen mit den Nudeln zu Ende gegart.

Die zweite Hälfte der Garzeit reicht in der Regel, um die Zitrone(n) abzureiben, auszupressen und mit Öl, Pfeffer und Salz aufzubereiten. Wer es noch schafft, den Käse zu reiben, ist fein raus, denn dann können die Romanesconudeln – abgegossen und mit der Zitronen-Öl-Mischung aromatisiert – dampfend serviert werden. Damit kann man manch einen Gemüsemuffel überrumpeln.

BISCOTTI ALLA SALVIA
Salbeikekse

8–12 TEILCHEN

In einer Schüssel mischen sich das Mehl und das Backpulver, die geschmolzene Butter, Salz und die klein gehackten Salbeiblätter, um gründlich durchgeknetet zu werden. Mit Hilfe der Milch lässt sich ein formbarer Teig herstellen, den man mit dem Nudelholz zu 1 Zentimeter Stärke ausrollen kann. Kreise ausstechen und auf einem mit Backpapier ausgelegten Blech anordnen. 12 Minuten brauchen sie im vorgeheizten Ofen (180 °C), um dann noch warm und knusprig zart auf den Tisch zu gelangen.

250 g Mehl
½ P. Backpulver
75 g Butter
2 Msp. Salz
ca. 20 Salbeiblätter
100 ml Milch

PASTA CORTA CON FAVE E CARCIOFI
Kurze Nudeln mit Bohnen und Artischocken

4 PORTIONEN

6 Artischocken
Saft von 1 Zitrone
350 g frische dicke Bohnen
2 Frühlingszwiebeln
1 Knoblauchzehe
Olivenöl
Saft von 1 Orange
Salz, Pfeffer
320 g kurze Pasta (z.B. Pipette)

Für die Artischocken wird ein Zitronenbad vorbereitet. So können die fertig geputzten und in feine Schnitze gebrachten Artischockenherzen sofort in Wasser mit Zitronensaft versenkt werden, damit sie nicht dunkel anlaufen. In der Zwischenzeit das Nudelwasser aufsetzen.

Die dicken Bohnen werden gepult und kurz gekocht. Wer sich diese Mühe sparen möchte, kann direkt Tiefkühlware in kochendes Wasser gleiten lassen. Sie sollten noch fest sein, wenn sie vorsichtig aus ihrer weißen Schale geflitscht werden. Jetzt geht es den Zwiebeln an den Kragen. In feine Ringe geschnitten, müssen sie kurz im Öl anbraten, bevor ihr Knoblauch aus der Presse, Artischocken und Bohnen folgen. 5 Minuten lang werden die Gemüse über lebhafter Hitze mehrfach gewendet und dann mit dem Saft der Orange gelöscht. Auf moderater Flamme weiter ziehen und eindampfen lassen, salzen, pfeffern.

Die Pasta ist dran. Sobald die Nudeln *al dente* sind, abgießen, aber einige Löffel Kochwasser zurückhalten. Die Pasta in der Pfanne unters Gemüse heben, bei Bedarf das Nudelwasser, unbedingt aber einen feinen Strahl Öl dazurühren. Nochmal mit Pfeffer peppen und dampfend servieren. Die bourgeoise Variante erwartet, mit geriebener Orangenschale dekoriert zu werden.

INSALATA DI CECI
Kichererbsensalat

300 g Kichererbsen
1 Rosmarinzweig
1 Knoblauchzehe
Olivenöl
½ Fenchelknolle
2 Stangen Sellerie
1 rote Zwiebel
Rotweinessig
Salz, Pfeffer
4 Frühlingszwiebeln,
   in Scheiben

Über Nacht kommen die getrockneten Kichererbsen ins kalte Wasserbad. Zum Auftakt am nächsten Tag wird ein Rosmarinzweig mit einem Faden umwickelt, damit er seine Nadeln nicht verliert. Er wird zusammen mit der gepressten Knoblauchzehe leicht in Öl angebraten. Nach ein paar Minuten kommen die Kichererbsen abgetropft dazu, werden ebenfalls kurz durchs Öl geschwenkt, dann mit frischem Wasser bedeckt. Bei leichter Hitze köcheln sie jetzt mindestens 45 Minuten vor sich hin. Sie sollten noch Biss haben, wenn sie zu Salat werden.

Bis dahin ist Zeit, den Fenchel, die Selleriestangen und die rote Zwiebel kleinzuschneiden und mit Öl, Essig, Salz und Pfeffer zu würzen. Das Gemisch darf ruhig ein bisschen ziehen, bevor die Kichererbsen sich dazugesellen (ohne Rosmarinbündel und Kochwasser) und ihre Wärme abgeben. Lauwarm ist der Kichererbsensalat lecker, abgekühlt und durchgezogen allerdings auch, mit Frühlingszwiebeln bestreut eine kleine Augenweide.

ROTOLO DI CASTAGNE
Edelkastanienrolle

2 ROLLEN / 8 PORTIONEN

250 g Maronen
Salz
30 g weiche Butter
40 g Zartbitter-Schokolade,
    geraspelt
40 g Zucker
4 EL Aprikosenmarmelade

Bloß keine Hektik, diese süße Pastete braucht seine Zeit! Nachdem die Kastanien in ausreichend leicht gesalzenem Wasser nach einer kleinen Ewigkeit weichgekocht sind, werden sie geschält und durch den Fleischwolf oder durch ein grobes Sieb passiert. Das Püree wird nun nach und nach mit der Butter, der Schokolade und dem Zucker vermengt. Achtung, hier warnt Sara ausdrücklich: Arbeitet mit *santa pazienza*, mit heiliger Geduld!!!

Hat sich die Mühe gelohnt und der Teig ist schön gleichmäßig und glatt, wird er als dicke Rolle mit wässrigen Händen gestreichelt und dann in Backpapier gewickelt. Jetzt muss er sich mindestens 10 Stunden im Kühlschrank ausruhen.
Bevor er zum Servieren in Scheiben geschnitten wird, kommt die Marmelade mit ein 2–3 Teelöffeln Wasser in einen Topf und wird erhitzt. So kommt der kalte Kastanienkuchen mit heißer Sauce auf den Teller und in den Mund.

Urbino, Via Aurelio Saffi

Castignano

VERZEICHNIS DER REZEPTE

DIE AUTOREN

Daniela und Felix Partenzi lieben es lecker und schön. Am besten beides zusammen. Noch besser, wenn Italien dabei eine Rolle spielen darf. Kochbücher über Regionen in ihrem Lieblingsland zu schaffen, ist für das Team also quasi das Nonplusultra. So haben die Düsseldorfer immer noch einen Grund mehr, die Sachen zu packen und ihre südliche Heimat anzusteuern. Die Journalistin mit umbrischen Wurzeln kann endlich auch in Italien ihrer Leidenschaft nachgehen, verrückte Geschichten aufzuspüren, während der Kommunikationsdesigner sich sonnenbeschienen beim Fotografieren und Gestalten austoben darf. Nicht nur das Familienleben sondern auch das Arbeiten zu teilen, kostet Überwindung, klar, klappt aber. So können sich die Autoren mittlerweile entspannt gegenseitig ins Handwerk pfuschen und animieren sich so zu Experimenten: Es braucht schon Zuspruch, um ein geschmiertes Brot an die Wand zu nageln. Aber wenn es schön und lecker aussieht – dann ist das genau ihr Stil.

Senigallia, Piazza Roma

GRAZIE ...

... all den Menschen zwischen Pesaro und San Benedetto del Tronto,
die uns für dieses Buch Herz und Küche geöffnet haben.
Gabriele DiCiriaco für seine Einführung in die Mentalität der *marchigiani*
und deren Leidenschaft für Sprichwörter.
Hans und Elizabetta, Giulia Aiudi, Uta und Klaus Simon für wertvolle
Tipps und wunderschöne Unterbringung in Carassai, Mombaroccio und
Belmonte Piceno.
Den Regionalexperten Barbara Zambuchini und Moreno d'Ercoli
für ihre unermüdliche Bereitschaft, Kontakte zu vermitteln und für eine
unvergessliche Hafensause.
Sonia Darini für die Grundversorgung mit ausgeklügelten Rezepten und
dafür, dass sie unsere Jungs mit *olive ascolane* bei Laune gehalten hat.
Giovanni Allegretti für seine Expertise in allen Fleischfragen.
Christina Hochmuth, die mit begeisterter Anteilnahme für langen Atem
auf langen Strecken gesorgt hat.
Aldo und Ingrid Partenzi sowie unseren Söhnen, die auch dieses Projekt mit
viel familiärer Liebe mitgetragen haben.
Unserer Lektorin Isabelle Fuchs und unserer Verlegerin Daniela Filthaut
für ihr beflügelndes Vertrauen und für ihren Einsatz, das Buch in die Welt
zu tragen.
Allerliebsten Dank.

Pesaro, Lungomare

Text © Daniela Partenzi
Foto © Felix Partenzi
Postkarte: Fano - Piazza Costanzi, © A. Pagnoni
Topographische Karte auf Seite 8 © mit freundlicher Genehmigung des Touring Club Italiano
Keramik auf den Seiten 18, 27, 36, 51, 59, 63, 67, 70, 93, 96, 118, 121, 139: Felix Partenzi
Gestaltung und Satz: Felix Partenzi

Originalausgabe
1. Auflage 2019

Copyright © 2019 Gerstenberg Verlag, Hildesheim

Gesetzt aus der Minion und der Calibri Light
Umschlaggestaltung: Felix Partenzi
Umschlagbild: Vongole, frisch aus der Adria
Druck und Bindung: Printer Trento
Printed in Italy

ISBN 978-3-8369-2149-7
www.gerstenberg-verlag.de